재능이
저에게 있나요?

재능이 저에게 있나요?

김경욱

마음산책

저에게 재능이 있나요?

1판 1쇄 인쇄 2025년 8월 10일
1판 1쇄 발행 2025년 8월 15일

지은이   김경욱
펴낸이   정은숙
펴낸곳   마음산책

담당 편집   황서영
담당 디자인 한우리
담당 마케팅 권혁준 · 김은비 · 이예준
경영지원   박지혜

등록   2000년 7월 28일(제 2000-000237호)
주소   (우04043) 서울시 마포구 잔다리로3안길 20
전화   대표 | 362-1452 편집 | 362-1451 팩스 | 362-1455
홈페이지   www.maumsan.com
블로그   blog.naver.com/maumsanchaek
트위터   twitter.com/maumsanchaek
페이스북   facebook.com/maumsan
인스타그램 instagram.com/maumsanchaek
전자우편   maum@maumsan.com

ISBN   978-89-6090-942-7 03810

* 책값은 뒤표지에 있습니다.

우리는 두려움 없이 질문하고 또 질문해야 한다.

예술은 짧고 인생은 길기에.

기쁘지 아니하기엔 너무 짧고,

기뻐할 일을 만들지 않기엔 너무 길기에.

작가의 말

서른두 해 동안 소설책을 열여덟 권이나 냈지만 '작가의 말'은 여전히 쓰기 어렵다. 작가의 글이 아니라 작가의 말이라서 그런지도 모른다. 나는 글쓰기보다 말하기가 더 어려운 사람 같다. 말은 글보다 정직하다. 표정을 숨길 수 없기 때문이다. 무슨 말을 해야 할지 몰라 무표정하게 굳어 있는 얼굴을.

더 늦기 전에 무표정한 얼굴이라도 드러내보자는 마음으로 첫 산문집을 썼다. 쓰는 동안 강의실에서 만나는 학생들의 얼굴을 찬찬히 보곤 했다. 무표정해 보이던 얼굴들이 실은 많은 표정을 담고 있음을 알게 되었다. 어쩌면 내 얼굴도 조금은 변했는지 모른다. 부디 그랬으면 좋겠다.

지난 '작가의 말'들을 하나하나 꺼내 보았다. 열여덟 가지 서로 다른 이야기는 결국 글쓰기의 어려움과 두려움에 관한 거였다. 글을 쓰는 일이 여전히 어렵고 두려움에도 글쓰기에 관한 책을 낸다는 게 부끄럽고 민망하다. 하지만 글쓰기가 더 이상 어렵고 두렵지 않다면 이 책을 쓰지 못했을 것이다. 글쓰기의 어려움과 두려움만이 글쓰기에 대해 내가 할 수 있는 유일한 말이기에.

이 책을 쓰는 동안 몇 가지 변화가 있었다. 예술 학교 부임 스무 해 만에 처음으로 야외수업을 했다. 돗자리와 간식거리를 잔뜩 싸 들고 학교 근처 공원에 가서 먹고 읽고 듣고 떠들었다. 끝나지 않는 겨울 같던 지난봄, 학생들과 광장에도 나갔다. 함께 외치고 함께 분노하고 함께 걷고 함께 노래했다. 오염된 말들이 난무하는 병든 세상에서는 혼자 글을 쓰고 혼자 행복할 수 없다. 글쓰기의 두려움이 한밤의 어둠처럼 덮쳐 올 때마다 함께한 그 순간들이 빛이 되어주기를. 우리가 빛을 향해 나아가는 것은 어둠이 두려워서가 아니라 빛을 사랑하기 때문이니.

2025년 여름
김경욱

차례

작가의 말　6

1　예술과 학교

저에게 재능이 있나요?　13

예술과 학교　21

너의 절망을 말해봐　28

나무와 눈과 심장과 사람과 코끼리　33

글쓰기의 천적들　39

지우개 달린 연필을 가지고 다니는 이유　44

탁구나 한 판　50

스무 살의 자화상　56

너의 네 번째 이름은　62

짧은 소설―히든 라이터　68

2   예술과 인생

다정한 무관심   79

메이드 인 택시   87

분노도 연민도 없이   94

창의적 공기   102

사전에 없는 단어만 있는 사전   109

달 위를 걷는 기분   117

인터내셔널 택시   123

보고타의 원배 씨에게   129

카프카적인, 너무나 카프카적인   135

짧은 소설―아임 유어   141

3   예술과 기술

싸우지도 달아나지도 않고   153

이야기의 열역학법칙   160

작가, 화자, 주인공   166

수학과 불   174

플롯이란 무엇인가   181

소설가의 기억력   191

황소가 하는 일, 전갈이 하는 일   197

발로 쓴다는 것   203

코리아, 사우스 코리아 작가입니다   209

도움받은 책들   215

일러두기

✏ 책명은 『 』로, 희곡·편명은 「 」로, 곡·영화·그림·매체명은 〈 〉로 묶었다.

1
예술과 학교

저에게 재능이 있나요?

"선생님, 제게 재능이 있나요?"

불쑥 터져 나온 너의 질문에 축 늘어져 있던 강의실 공기가 팽팽해진다. 예술 학교에 몸담은 지 20년, 창작 수업을 맡아온 지 30년이 다 되어가지만 들을 때마다 머릿속이 하얘지는 질문이다.

'글쎄, 하루빨리 다른 일을 알아보는 게 어떨지.'

섣부른 한마디로 한국문학에 되돌리기 힘든 손실을 끼치면 어쩌나.

첫 문장을 읽자마자 확신이 들었다는 식의 공수표 역시 뒷감당이 걱정이다. 그때 그런 소리만 안 하셨어도, 핏발 선 원망을 영정 속에서 건너보아야 한다면 죄책감에 구천을 떠돌게 될지도.

'예스'로도 '노'로도 빠져나갈 수 없는 덫에 걸린 기분.

너만이 아니었다. 빙 둘러앉은 눈빛들이 저마다의 절박함으로 대답을 갈구하고 있었다.

'교육자의 양심을 걸고 솔직히 말씀해주세요. 저는요?'

'볼 때마다 한숨만 쉴 거면서 저는 왜 뽑으셨나요?'

프랑켄슈타인 박사의 심정을 알 것도 같았다. 괴물의 대명사가 되어버린 프랑켄슈타인은 본디 슬픈 피조물이 아닌 그 존재를 만든 박사의 이름이었다. 닥터 프랑켄슈타인이 괴물에게 이름을 빼앗긴 건 주제넘은 짓에 하늘이 내린 벌인지도 모른다.

감히 소설 쓰는 법을 가르치려 들다니!

억겁 같은 침묵의 몇 초, 결정적 선고를 기다리는 피고인은 너희가 아닌 바로 나였지.

너희는 내게 이렇게 묻고 있었던 거야.

"선생님, 당신에겐 재능이 있나요?"

"소설 쓰는 법을 가르칠 자격이 당신에게 있나요?"

학생들은 그날 써 온 글만 평가받지만 선생은 창작 이력 전체를 현재진행형으로 평가받는다. 작가로서 번뜩이는 한 시절이 있었던들 뭐 하나. 1년에 한 번 원고 청탁받기도 힘든 처지가 되어 있으면. 훗날 창작 강의로 먹고 살 생각이 있다면 데뷔작을 너무 잘 쓰는 건, 초장에 끗발을 너무 올리는 건 금물이다. 창작 수업을 병행하는 작가에게 글이 점점 나아진다는 평보다 믿음직한 교재는 없을 테니.

그러니 여기, 전도된 인정투쟁의 법정에서 내가 할 수 있는 일이라곤 일면식도 없는 신에게 두 손 모아 기도하는 것뿐.

'심약한 선생을 시험에 들게 한 저 당돌한 영혼들을 부디 미워하지 않게 하소서.'

최후 변론감 한마디를 찾아 세간의 글쓰기 책들도 뒤질 만큼 뒤져봤다.

"영감을 찾는 사람은 아마추어이고 우리는 그냥 일어나서 일하러 간다."

필립 로스 같은 대가나 할 수 있는 소리다.

"모든 초고는 쓰레기다."

헤밍웨이는 너무 매정한 것 같다.

"예순이 될 때까지 성공하지 못하면 나 자신에게 10년은 더 줘볼 생각이다."

부코스키의 말은 마음에 쏙 들지만 좀 무책임해 보인다.

답이 없을수록 정직이 최선의 방책이다.

"제가 여러분 나이 때 쓴 글에 비하면 충분히 재능이 있죠."

입에 발린 소리로 여기면 어쩌나 걱정했지만 기우였다.

"선생님 데뷔작이요? 첫 소설집은 절판이던데요? 어디서 구할 수 있어요?"

그 후로 나는 재능이 있느냐는 질문을 받으면 글 얘기 대신 그림 얘기를 하게 되었다. 뉴욕현대미술관에서 고흐의 〈별이 빛나는 밤〉을 보았던 얘기를.

같은 층이던가, 벽면 한가득 버티고 있는 잭슨 폴록에 비하면 다락방 쪽창만큼이나 조그마해서 더 눈에 띄던 작품. 입장객들, 아니 전 세계 고흐 애호가들이 다 몰려든 것 같았다. 빛나는 별 무리 대신 낯선 뒤통수들만 눈앞에 가득했다. 차라리 눈 감으면 생생하게 그려지는 풍경이건만.

왜 프랑스 지도 위에 표시된 검은 점에게 가듯 창공에서 반짝이는 저 별에게 갈 수 없는 것일까?

타라스콩이나 루앙에 가려면 기차를 타야 하는 것처럼, 별까지 가기 위해서는 죽음을 맞이해야 한다. 죽으면 기차를 탈 수 없듯, 살아 있는 동안에는 별에 갈 수 없다. 증기선이나 합승 마차, 철도 등이 지상의 운송수단이라면 콜레라, 결석,

결핵, 암 등은 천상의 운송수단인지도 모른다.

늙어서 평화롭게 죽는다는 건 별까지 걸어간다는 것이지.

　두 눈을 감기 무섭게 저절로 샘솟은 문장이었다, 라고 말할 수 있으면 좋겠지만, 실은 고흐가 쓴 편지다. 살아생전 단 한 점의 그림만 팔았다던 고흐는 목숨마저 위협하는 가난 속에서 동생에게 편지를 부쳐야 했다. 손을 또 벌리기 염치없지만 물감을 살 돈이 필요하다. 영혼을 팔아서라도 이 빚은 갚으마. 문자 그대로 SOS 치듯.

　〈별이 빛나는 밤〉의 창작 노트 같은 저 문장 역시 동생에게 쓴 668통의 편지 중 한 대목이다. 다른 편지들도 돈보다 예술과 인생에 대한 얘기가 대부분이다. 동생은 세상에서 자신을 이해해주는 유일무이한 존재였으니까. 그러니 앞의 말은 정정되어야 한다. 고흐는 목숨마저 위협하는 고독 속에서 SOS 치듯 동생에게 편지를 부쳐야 했다고.

　고흐는 화가이기 이전에 편지 쓰는 사람이었다. 심장이 시리도록 가난하고 고독한 문장들을 보라. 죽고 나면 편지를 쓸 수 없듯 살아 있는 동안엔 별에 갈 수 없다. 보통·속달·등기가 지상의 통신수단이라면 별빛은 천상의 통신수단이다. 늙어 평온 속에 눈감는다는 건 별에게 편지를 쓴다는 것. 작가가 되고 싶다면 우선 편지를 쓰자. 편지 쓰는 사람의 마음이 되자. 일기 말고 편지. 혼잣말이 아닌 대화. 이야기는 그리거나 적는 게 아니라 들려주는 것이다.

"동생아, 나에게 전혀 희망이 없는 건 아니다."

"최근 작업을 마친 캔버스 네 점이 어딘가로 사라져버렸으면 좋겠다."

첫 문장을 쓰지 말고 첫마디를 건네야 한다. 곧장 소용돌이의 눈부터 목소리를 입혀야 한다.

좋은 자리를 차지한 채 꿈쩍 않는 사람들의 뒤통수를 피해 밀려난 구석 자리에서 더 똑똑히 볼 수 있었다. 푸른 밤하늘을 수놓은 노란 별빛의 소용돌이. 동생이 사준 물감으로 한 땀 한 땀 덧칠한 마음의 질감을. 그것은 고뇌로 가득한 영혼의 지문처럼 보였다. 깊은 어둠 속에서 빛을 갈구하는 목소리의 성문聲紋 같기도 했다.

고흐의 그림을 보고 깨달았다. 그림이 목소리인 것과 같이 글 또한 목소리다. 이미지가 아니라 소리다.

내 인생의 책과 관련된 어떤 인물에게 편지 쓰기.

신입생들이 첫 학기에 듣는 글쓰기 수업 첫 과제가 편지 쓰기인 이유가 여기 있다. 써 온 글을 소리 내어 읽게 하는 이유 역시.

> 다른 사람들 눈에는 내가 어떻게 비칠까. 보잘것없는 사람, 괴벽스러운 사람, 비위에 맞지 않는 사람, 사회적 지위도 없고 앞으로도 어떤 사회적 지위를 갖지도 못할, 한마디로 최하 중의 최하급 사람……. 그래, 좋다. 설령 그 말이 옳다 해도 언젠가는 내 작품을 통해 그런 기이한 사람, 그런 보잘것없는 사람의 마음속에 무엇이 들어 있는지 보여주겠다.
> 그것이 나의 야망이다. 이 야망은 그 모든 일에도 불구하고 원한이 아니라 사랑에서 나왔고, 열정이 아니라 평온한 느낌에 기반을 두고 있다.
> 이따금 참을 수 없는 고통을 느낀다. 그러나 아직도 내 안에는 평온함, 순수한 조화, 그리고 음악이 존재한다.[1]

나는 고흐의 그림만큼이나 그의 편지에서 커다란 위로를 받았다. 고흐는 천재가 아니라 한 걸음 한 걸음 나아가 기어이 목표에 도달한 사람이었다. 원한보다 사랑으로. 열정보다 평온으로. 고통보다 음악으로.

네게 재능이 있느냐고?

원한으로 눈멀지 않는 것이 재능.

열정에 취하지 않는 것이 재능.

고통을 피하지 않는 것이 재능.

창조의 본질이 반복을 요하는 노동에 있음을 담담히 받아들이는 것이 재능.

네게 재능이 있느냐고?

스스로를 파괴하지 않는 성실성이야말로 최고의 재능.

자신을 아끼는 데 게을러서는 안 된다. 새로 장만한 맥북에게 그러하듯.

마음속에 음악이 늘 함께하기를.

예술과 학교

"예술 학교는 예술가의 무덤인데."

예술 학교 부임 소식에 축하 인사를 건네온 동료 작가들 중에 누군가 한마디 덧붙였다.

결혼은 사랑의 무덤이라던 셰익스피어가 떠올랐다. 셰익스피어는 이런 문장도 남겼다. "진실된 자들의 결혼에 이의를 제기하지 말지어다. 변화가 생길 때 변하는 사랑은 사랑이 아니리."

가서 보고야 알았다. 동료 작가의 말이 문학적 비유만은 아니었음을.

예술 학교는 정말 무덤가에 있었다. 조선 20대 왕 경종이 죽어 묻힌 곳. 그 커다란 봉분 너머에 똬리를 튼 잿빛 건물들이 예술 학교였다. 줄여서 '안기부'라 불리던 국가 안전기획부가 쓰던 공간이었는데 33년 만에 새 건물을 지어 나가면서 오갈 데 없던 예술 학교가 들어왔다고 했다.

왕의 무덤과 안기부. 어울리는 듯 어울리지 않는 조합이었다. 예술과 학교처럼.

경종의 길지 않은 일생은 아버지 숙종과 어머니 희빈 장씨가 드리운 그늘에서 하루도 벗어나지 못했다. 세자로만 30년을 살아야 했고 치세는 4년에 지나지 않았다. 아내에게 사약을 내린 남자를 아버지로 뒀으니, 아버지의 손에 어미를 잃은 자식이었다. 후사가 없어 정적들이 미는 배다른 동생(그는 이후 영조가 된다)을 후계자로 둔 채 왕좌에 올라야 했다.

"우리는 음지에서 일하고 양지를 지향한다."

안기부의 부훈에 비추어보면 왜 하필 이곳 의릉 부지에 자리했었는지 숨은 점선이 보일 듯도 하다.

20세기 공화국의 왕을 자처한 군인 출신 독재자를 그림자처럼 보위하던 정보기관. 그 서슬 퍼런 악명 탓인지 예술 학교에는 무서운 이야기들이 끊이지 않았다.

지하 실습실에서 밤샘 작업 하다 귀신을 보았다, 교정에 피는 벚꽃들이 핏빛처럼 붉다, 하늘 높이 솟은 굴뚝의 용도를 아는 사람이 없다, 터에 음기가 세서 기가 약한 사람은 배겨나질 못한다.

"억울하게 죽은 사람들이 왜 무서워. 살아서 애먼 사람 잡는 놈들이 무섭지. 나중에 첩보소설 무대로 써먹어야겠네."

짐짓 큰소리치던 내가 정작 신경을 곤두세운 건 학생들에 관한 소문이었다.

"강의하다 말고 울면서 뛰쳐나간 작가들이 한둘이 아니래."

부모에게 복수하고 싶다면 예술을 하라고 했던가. 불타오르는 복수심이 선생 앞이라고 다소곳해질 리 없지.

나도 만반의 대비를 했다. 타원형 안경테에서 끝이 뾰족하게 각진 안경테로 바꾸고, 양복에 넥타이까지 매고 출근했다.

"김 선생, 오늘 무슨 일 있어요?"

복도에서 마주친 교수가 딱하다는 얼굴로 말해주지 않았다면, 언제까지 그러고 다녔을지 모를 일이다.

"여기 선생들은 넥타이 같은 거 안 매요. 상을 당하거나 상을 받을 때만 빼고."

과연, 학생이고 선생이고 예술 학교 사람들은 무서운 데가 있었다.

내가 난생처음 넥타이를 맨 것도 신인상을 받던 날이었는데. 검정 물방울무늬가 들어간 붉은색 넥타이. 강남 고속버스터미널 지하상가를 뒤져 사 온 인생 첫 넥타이를 들고 나는 동네 세탁소로 달려갔다. 넥타이를 매달라고 부탁하기 위해서였다.

학생들은 내가 넥타이를 매든 말든 옷을 뒤집어 입든 말든 관심이 없었다. 강의를 하다 말고 울면서 뛰쳐나갈 일도 없었다. 그런데 강의를 마치고 연구실로 돌아오면 퇴근할 힘이 남아 있지 않았다. 기를 다 빨린 허깨비처럼 한참을 멍하니 앉아 있어야 겨우 가방을 챙길 수 있었다.

각진 안경테도 양복도 넥타이도 나를 지켜주지 못했다. 안 먹던 홍삼 진액을 사 먹고 일부러 햇볕을 쬐고 다녔다. 예의 바른 말투로 날아드는 도발적인 질문들 앞에서 줄행랑치지 않기 위해.

"플롯이 꼭 있어야 하나요?"

"이 소설이 좋았던 이유요? 좋은 데 이유가 필요한가요?"

"소설이 꼭 뭘 말해야 하나요?"

그런 질문이 날아오면 밑도 끝도 없이 울고 싶어졌다. 억울한 일을 당한 기분이었다. 수업 도중 울면서 뛰쳐나갔다는 작가들의 심정을 알 것도 같았다.

나는 입술을 깨물며 중간고사 기간만 기다렸다.

너희가 문학을 알아? 한글로 쓴 소설을 프랑스어로 번역하면 그건 전혀 다른 작품이야. 심지어 작가 자신도 이해 못 할 무엇이 돼버리잖아. 프랑스어를 마스터하기 전까지는. 음악, 무용, 미술, 영화, 연극. 문학에만 '배울 학學' 자가 들어가는 이유가 뭐겠어.

중간고사 같은 건 필요 없는 창작 수업에서 나는 필답시험을 쳤고, 영문학과 졸업생답게 보란 듯 영문 번역 문제를 냈다.

M. H. 에이브럼스가 쓴 『Glossary of Literary Terms문학 용어 사전』 중에서 'defamiliarization낯설게하기'을 진지하고 꼼꼼하게 설명하는 긴 단락을 원문으로 받아 든 학생들은 갑자기 세상이 얼마나 낯설어졌을까.

과연 그 시험은 익숙한 것을 새로운 방식으로 감각함으로써 대상의 본질에 덧대어진 고정관념을 걷어내게 했을까? 창작 수업에 대한 고정관념을 걷어내 글쓰기의 본질을 새롭게 각인시켰을까?

몇 년 지나 우연히 들춰본 강의평가에 이런 글이 있었다.

"서사창작과가 안드로메다로 갈 것 같다."

예술 학교라는 안드로메다에 불시착한 나는 그곳이 어

떤 행성인지 알아보기 시작했다.

예술이란 무엇인가?

소설을 써온 십수 년 동안 한 번도 품어보지 못한 물음이었다. 예술을 하고 있다고 생각해본 적이 단 한 순간도 없었으니.

"인생은 짧고 예술은 길다."

"삶이 그대를 속일지라도 슬퍼하거나 노여워 말라."

어릴 적 아버지를 따라 다니던 이발소 한쪽 벽은 이런 글귀들로 장식되어 있었다.

그 시절 이발소 주인장들에게 삶과 예술은 무엇이었을까.

나는 도서관에 틀어박혀 '예술' 두 글자가 들어간 책을 닥치는 대로 찾아 읽었다. 그러던 어느 날 이 문장을 만났다.

"예술이란 마음을 기쁘게 만드는 양식樣式을 발견하는 일이다."

그거였구나. 포크너의 『내가 죽어 누워 있을 때』를 읽는 동안 내 안에 차오르던 맑은 슬픔이 어느새 기쁨으로 변하던 마법은. 돌 같은 우리 마음을 기쁨에 겨워 반짝이는 황금으로 뒤바꾸는 연금술은.

문학도 예술일 수 있었다.

온 마음이 꿀에 적셔진 듯 조용히 기뻤다. 강의실에서 밑도 끝도 없이 울고 싶었던 이유를 알 것 같았다. 학생들은 나를 시험한 게 아니다. 그들은 진정 궁금했던 거다. 색깔도 없고 소리도 없는 글자 더미에 왜 마음이 송두리째 흔들리는지. 그리고 나는 두려웠던 거다. 답을 알지 못하는 질문들이.

우리는 두려움 없이 질문하고 또 질문해야 한다.

예술은 짧고 인생은 길기에.

기쁘지 아니하기엔 너무 짧고, 기뻐할 일을 만들지 않기엔 너무 길기에.

너의 절망을 말해봐

 소설 쓰는 법을 배워보겠다고 앉아 있는 학생들에게 나는 종종 시를 읽어준다. 문학이 본래 이미지가 아닌 소리임을, 혼잣말이 아닌 건네는 말임을 일깨우고 싶어서다. 나른한 오후 수업, 끝내주는 소설 쓰는 법은 학기가 끝날 때쯤에나 들을 수 있으려나, 자꾸만 지구 중심과 가까워지려는 눈꺼풀들을 잠시 밀어 올리는 효과도 있다. 물론 내가 쓴 것일 리 없다. 눈꺼풀을 가장 높이 밀어 올린 시들 중 하나는 메리 올리버의 「기러기」다. 첫 문장부터 눈빛이 깨어나곤 한다.

 착하지 않아도 돼.
 참회하며 드넓은 사막을

무릎으로 건너지 않아도 돼.

그저 너의 몸이라는 여린 동물이

  사랑하는 걸 사랑하게 하면 돼.

너의 절망을 말해봐, 그럼 나의 절망도 말해주지.

그러는 사이에도 세상은 돌아가지.

그러는 사이에도 태양과 투명한 조약돌 같은 비가

풍경을 가로질러 지나가지,

초원들과 울창한 나무들,

산들과 강들 위로.

그러는 동안에도 기러기들은 맑고 푸른 하늘을 높이 날아

다시 집으로 향하지.

이 시를 읊조릴 때마다 마음이 내려앉는 대목은 여기다.

"너의 절망을 말해봐, 그럼 나의 절망도 말해주지."

절망은 희망만큼이나 영혼 없는 단어가 되어버렸지만, 필립 로스의 절필 선언이라면 얘기가 달랐다.

"내가 가진 것으로 최선을 다했다. 매일매일의 굴욕과 절망을 견뎌낼 힘이 더는 남아 있지 않다."

50년 넘는 세월 동안 족히 서른 권의 소설책을 꾸준히 써낸 작가. 군더더기를 쳐낼수록 인물과 이야기는 오히려

풍성해진다는 걸 가르쳐준 작가. 그에게서 펜을 빼앗은 절망은 무엇이었을까.

매일매일의 굴욕. 매일매일의 절망.

30년 세월 스무 권 가까운 책을 쓰면서 나도 조금은 알 것 같다.

"그러는 사이에도 세상은 돌아가지."

내가 소설을 계속 쓰든 말든, 내 소설을 누가 알아주든 말든 세상은 변함없이 돌아간다. 그 당연한 진실이 절망의 근거였을지 모른다고, 소설 쓰는 사람으로서 나는 생각했다.

"그러는 사이에도 세상은 돌아가지."

소설 쓰는 법을 가르치는 사람으로서 나는 다시 생각한다.

신춘문예에 당선됐다는 들뜬 전화에도, 또 떨어졌다는 낙담 어린 하소연에도, 더 이상 글을 쓸 수 없을 것 같다는 절망적인 고백에도 이렇게 담담히 말해줄 수 있다면.

"그러는 동안에도 기러기들은 맑고 푸른 하늘을 높이 날아 다시 집으로 향하지."

네가 누구든, 얼마나 외롭든

세상은 너의 상상에 맡겨져 있지,
저 기러기들처럼 거칠고 흥겨운 소리로 너에게 소리치지—
세상 만물이 이룬 가족 안에 네가 있음을
거듭거듭 알려주지.[2]

 소설 쓰는 사람으로서나 소설 쓰는 법을 가르치는 사람으로서나 이 시에서 가장 좋아하는 구절은 이 두 줄이다.
 "네가 누구든, 얼마나 외롭든/ 세상은 너의 상상에 맡겨져 있지."
 세상은 우리가 상상하는 방식대로 자신을 드러내 보인다.
 세상이 예전 같지 않다면 나의 상상력이 예전 같지 않은 것인지 모른다.
 세상이 절망적이라면 내가 절망을 상상하고 있기 때문인지 모른다.
 우리는 상상을 통해 새로운 세상을 그려낸다고 믿지만, 우리가 지어내는 소설은 세상이 우리의 상상력에 잠깐 허락한 한 점 크로키일 뿐.
 언젠가 미국 출판사 편집자와 얘기할 기회가 있었다.
 좋아하는 미국 소설가가 있냐는 물음에 나는 필립 로스

라고 답했다.

그러자 편집자가 주저 없이 한마디했다.

"더 킹 오브 노블스."

소설의 왕도 굴욕과 절망을 매일매일 견뎌야 했다. 그 견딤의 결과가 『미국의 목가』였고 『에브리맨』이었으리라.

어느 인터뷰 자리에서 나도 비슷한 얘기를 한 적이 있다. 소설을 계속 쓰는 것은 견디기 위해서라고. 며칠 뒤 기사에 '견디기 위해서'가 아니라 '던지기 위해서'라고 어이없는 오타가 났지만, 정정 요청은 하지 않았다. 던지기 위해 소설을 쓴다는 쪽이 멋진 것 같았다.

나는 상상하기 시작했다. 무엇을 던지기 위해 소설을 쓰는지.

내가 있는 힘껏 멀리 던진다고 상상하는 것, 바로 그 상상의 내용이 앞으로 내가 쓸 소설이자 내가 살아갈 세상일 테니.

나무와 눈과 심장과 사람과 코끼리

 제목이 떠오르지 않으면 첫 문장을 시작할 수 없다. 다른 작가들은 어떤지 몰라도 내 경우엔 그렇다. 그 이야기에 딱 떨어지는 제목이 정해져야만 코르크 마개를 딴 것처럼 막혀 있던 글이 흘러나오곤 한다.

 좋은 제목 하나만 만나도 이야기가 저절로 따라올 때가 있다. '신에게는 손자가 없다.' 어디선가 이 문장을 만난 순간 분노에 찬 한 노인의 얼굴이 떠올랐다. 원수를 사랑하라고 가르치는 신. 그 신 앞에서 노인은 손녀의 복수를 다짐한다. 정말 신이 존재한다면 당할 수 없는 일을 당한 손녀의 복수를.

 "좋은 제목은 어떻게 짓나요?"

 학생들이 눈을 커서처럼 깜박이며 묻는다.

"어떤 제목이 좋은 제목인데요?"

질문에 질문으로 응수하는 것은 스스로 앎에 이르도록 하는 소크라테스식 산파술이지만, 시간을 벌려는 전략이기도 하다.

학생들이 깊은 침묵에 빠져 있는 동안 나는 나대로 그럴듯한 대답을 궁리하며 출석부를 들여다본다. 칸칸이 적힌 이름들. 그 하나하나가 책 제목으로 보일 때까지. 세상은 거대한 도서관이고 내가 만나는 사람들은 저마다 한 권의 책이라고 떠벌리던 시절이 언제였나. 『위험한 독서』를 낸 게 벌써 17년 전 일이라니.

바그다드 카페에는 커피가 없다, 베티를 만나러 가다, 누가 커트 코베인을 죽였는가, 장국영이 죽었다고?

영화나 음악에서 주로 영감을 얻던 소싯적에는 이런 제목이 좋은 제목 같았다. 데뷔작 「아웃사이더」도 동명의 영화 제목에서 따왔다. 처음에는 영상 세대, 라는 라벨이 싫지 않았다. 싫을 것도 좋을 것도 없이 그냥 자연스러웠다. 나는 영상 세대였으니까. 그것이 떼어내고 싶은 꼬리표처럼 느껴진 건 세상이 한 편의 영화가 아니라 읽어야 할 책이 가득한 도서관으로 다가오고부터였다.

제목에 대한 고민도 그때부터였던 것 같다. 책 제목도

모른 채 서가 사이를 헤매는 기분이었달까.

"가장 인상적인 책 제목은 뭐였나요?"

나는 학생들에게 고쳐 묻는다.

모두 다 예쁜 말들, 존재의 세 가지 거짓말, 돼지가 한 마리도 죽지 않던 날…… 내 것이면 얼마나 좋을까 싶던 제목들을 되뇌며.

"『수학의 정석』이요."

얼마 만에 듣는 이름인가. 영화 〈아비정전〉을 봤다는 학생만큼이나 반가웠다.

"어떤 점이 인상적이죠?"

"고등학생 시절의 공기를 그보다 더 생생하게 환기하는 책이 없어요."

그렇구나. 인생의 한 시절을 통째 떠오르게 하는 제목이구나. 집합과 명제만 파고 또 파던 그 시절을.

'정석'은 바둑에서 많이 쓰는 단어다. 최선인 것으로 인정되어온 일정한 수手. 국어사전 풀이를 참고하면, 수학의 정석은 최선의 수학 점수를 얻기 위한 정공법일 테다. 어쩌면 단순하고 정직한 제목이 가장 좋은 제목일지 모른다.

전쟁과 평화, 김약국의 딸들, 노인과 바다, 웃는 남자,

빵 굽는 타자기.

제목이 곧 내용인 제목들. 이야기의 핵심을 간명하게 소개하는 제목이 오래 남는다. 읽었는지 안 읽었는지 읽다 말았는지는 가물가물해도 어떤 이야기인지 조건반사처럼 떠오르는 그런 제목.

"『어둠의 속도』요."

누군가 또 다른 책 제목을 댔다.

좋은 제목이다. 빛의 속도가 아니라 어둠의 속도라서. 이미 드러난 언어로 아직 드러나지 않은 세계를 상상하게 만드는 제목이라서. '정상화' 수술을 강요받는 자폐인의 내면을 그린 이 소설이 무엇을 말하려는지 정확하게 표현한 제목이라서.

> 미래를 상상하려고 하면—남은 오늘, 내일, 다음 주, 여생—마치 내 눈의 동공을 들여다볼 때 같다. 오직 암흑만이 나를 마주 본다. 빛이 속도를 높일 때, 어둠은 이미 빛이 도착할 때까지 알지 못하고 알 수 없는 채로 그곳에 있다.
>
> 무지無知는 지知보다 먼저 도착한다. 미래는 현재보다 먼저 도착한다. 지금부터, 과거와 미래는 방향만 다를 뿐 같지만, 나는 이쪽이 아니라 저쪽으로 갈 것이다.

그곳에 도착하면, 빛의 속도와 어둠의 속도가 같아지리라.[3]

나는 자리에서 일어나 화이트보드에 익숙한 한자들을 적어나간다.

木, 目, 心, 人, 象.

"나무와 눈과 심장과 사람과 코끼리. 이 다섯 가지로 이루어진 건 무엇일까요?"

내 질문에 학생들이 농담처럼 답을 던진다.

"동물원에 간 피노키오요."

"숲속의 서커스단이요."

"반지의 제왕이요."

나는 보드 마커를 다시 집어 들고 붓글씨 쓰듯 적는다.

想像.

나무木와 눈目과 심장心과 사람人과 코끼리象.

상상이란 나무의 눈과 코끼리의 심장이 한 사람 안에 깃든다는 것.

상상이란 나무와 사람과 코끼리가 눈빛과 심장박동을 서로 맞춘다는 것.

상상이란 코끼리의 눈과 마음으로 사람의 숲을 산책한다는 것.

상상은 세상에 없던 것을 발명하는 게 아니라 이미 존재하는 것들을 재배치하는 일에 가까울지 모른다. 몽상가의 꿈꾸는 눈이 아니라 탐험가의 맑은 눈으로 세상을 보는 일인지 모른다.

나무와 눈과 심장과 사람과 코끼리, 상상이란 있는 것을 있는 그대로 보는 마음의 능력이다.

좋은 제목이 있는 것을 있는 그대로 보여주는 제목이듯.

글쓰기의 천적들

 은사시나무에 구멍을 뚫어 집을 마련하는 딱따구리를 본 적이 있다. 집 근처 공원을 산책하던 중이었다. 집 짓는 딱따구리를 가까이에서 본 건 처음이었다. 아니, 딱따구리를 바로 눈앞에서 본 적이 처음이었을 것이다.

 날개는 연둣빛에 머리며 몸통은 부드러운 회색을 띠었다. 눈 밑에 검은 줄이 난 모습이 아이 패치를 붙이고 낮 경기에 나선 야구선수 같았다. 딱따구리 중에서도 청딱따구리였다는 건 나중에 알았다. 딱따구리는 곡괭이질하기 쉬운 무른 나무를 선호하고, 알을 낳고 품을 둥지라면 죽어가거나 죽은 나무를 더 좋아한다. 물기가 말라 진흙을 물어다 바르는 방수공사를 생략할 수 있기 때문이다.

 나는 청딱따구리를 한동안 넋 놓고 바라보았다. 사진이

라면 찍는 것도 찍히는 것도 질색인 편이면서 갑자기 동영상이 찍고 싶어졌다. 조용히 휴대폰을 꺼내 녹화 버튼을 누르자마자 날개 달린 목수는 작업을 중단했다. 휙, 하고 짧게 날아 나무 뒤편으로 숨어버렸다. 진정 아름다운 것들은 관심을 바라지 않는다더니. 자리를 뜨려는 찰나 딱딱딱, 부리로 나무 쪼는 소리가 다시 들려왔다. 이미 동전 크기만큼 뚫어놓은 작업장을 두고서 반대편에서 새 공사에 착수한 것이다.

나는 가만가만 나무 뒤편으로 걸음을 옮겼다. 휴대폰 카메라가 뒤따라가자 녀석은 또 작업을 멈추더니 좀 전의 공사장으로 숨바꼭질하듯 휙 날아갔다. 마음에 쏙 드는 집터인지 그 나무를 포기할 생각은 없는 것 같았다.

더는 방해하고 싶지 않아 천천히 물러났다.

내가 한 걸음, 한 걸음 멀어질수록 녀석의 작업에 리듬이 살아났다.

따닥. 따다닥 딱. 딱 따다닥 따닥.

휴대폰 카메라에 가두던 순간보다 녀석의 존재가 더 또렷이 느껴졌다. 그것은 노트북 자판을 두드리는 소리 같았고, 왠지 게리 스나이더의 시 「왜 목재 트럭 운전사는 선승보다 일찍 일어나는가」를 소리 내어 읽고 싶어졌다.

높은 운전석에 앉아서

동트기 전 어스름 속

광나게 닦인 바퀴 휠이 번뜩인다

빛나는 배출가스 연소탑은

열을 받아 헐떡거리며

타일러 비탈길을 올라가

푸어맨 샛강 위쪽 벌목장으로 간다.

수십 킬로미터 먼짓길.

다른 삶은 없다.[4]

 이 글을 타이핑하고 있는 지금도 그날의 청딱따구리가 눈에 선하다. 찬탄의 시선을 거부한 채 완전한 혼자만의 작업을 고집하던 모습, 다 만든 현관을 버리고 첫 부리질부터 다시 시작하던 모습이.

 청딱따구리는 내게 한 번 더 일깨웠다.

 글쓰기 또한 언어로 존재의 집을 짓는 일. 그 작업에는 경계를 늦추지 말아야 할 두 가지 천적이 있다고.

 자기도취에 빠져 쓴 기막힌 에피소드(라고 생각한 불필요한 에피소드)나 멋진 문장(이라고 착각한 겉멋 든 문장)을 끝내 버리지 못해 나중에 후회한 기억이 얼마나 많았던가.

내가 쓴 문장과 수시로 사랑에 빠지던 시절에는 그런 나르시시즘이 계속 쓰게 만드는 힘이기도 했다. 잘나가는 또래 작가들을 애써 무시하면서 소리 소문 없이 묻힌 내 책을 밤마다 읽고 또 읽었다. 자기연민은 자기도취의 뒷면이다. 상처받은 나르시시즘이 온몸을 말아 넣는 단단한 껍질. 가장 읽어주기 힘든 글은 세상이 안 알아준다고 울분을 터뜨리는 글 아닌가.

나르시시즘에 빠지면 자기 글만 읽게 되고, 자기연민에 사로잡히면 다른 작가의 글은 쳐다도 안 보게 된다. 둘은 대체로 함께 온다.

글이 좀 달라졌다는 소리를 듣게 된 것은 내 책을 읽고 또 읽는 일을 그만두고부터였다. 그냥 집을 짓는 마음으로 쓰게 된 뒤부터. 벌목장으로 트럭을 몰고 가 튼실한 목재를 구해 오는 기분으로 한 문장, 한 문장 썼다.

은사시나무에 집을 만들고 있는 청딱따구리를 향해 카메라를 들이대면 안 된다. 단지 방해하지 말라는 뜻은 아니다. 청딱따구리에겐 카메라의 주목보다 집 짓는 과정의 고독이 더 중요할 수 있다. 나무에 머리를 전력으로 부딪치는 그 행위가 진실되어야 결과물도 아름다울 것이기에.

그럼에도 카메라를 거두지 않으면 다 지은 집도 포기하고 카메라의 시선이 미치지 않는 곳에 새로 기초공사를 벌일지 모른다. 청딱따구리는 자기연민이 없을 테니.

자연이 하는 일에는 나르시시즘이나 자기연민이 없다. 인간이 하는 어떤 일들도 그러하다. 첫새벽의 어두운 비탈길을 달리는 목재 트럭 운전사만큼이나 작가들에게 필요한 오직 한 가지는 외롭고 높은 운전석.

다른 삶은 없다.

광나지 않아도 빛나지 않아도 다른 삶은 필요 없다. 충분히 고독할 수만 있다면. 멈추지 않고 조금씩 나아갈 수만 있다면. 그러다 마주 스쳐 가는 또 다른 트럭 운전석을 향해 가벼운 손 인사를 보낼 수만 있다면.

본문에 인용된 시 「왜 목재 트럭 운전사는 선승보다 일찍 일어나는가」는 다음 출처의 허가를 받아 수록했다. "Why Log Truck Drivers Rise Earlier than Students of Zen" from NO NATURE: NEW AND SELECTED POEMS by Gary Snyder, copyright © 1992 by Gary Snyder. Used by permission of Pantheon Books, an imprint of the Knopf Doubleday Publishing Group, a division of Penguin Random House LLC. All rights reserved.

지우개 달린 연필을 가지고 다니는 이유

 내가 아는 가장 놀라운 전쟁소설은 병사들이 사선을 넘나드는 동안 지니고 다닌 것들의 목록으로 채워져 있다.
「그들이 가지고 다닌 것들」.
 베트남전을 다룬 이 짤막한 단편에서 작가 팀 오브라이언은 병사들이 저마다 무엇을 짊어지고 다녔는지 덤덤한 목소리로 들려준다.
 거구 헨리 도빈스는 기본 전투식량에 더해 여분의 전투식량을, 야전 위생 훈련을 받은 데이브 젠슨은 칫솔과 치실과 요양 휴가 중 훔친 호텔용 크기의 비누 바를, 겁 많은 테드 라벤더는 진정제를, 무전병 미첼 샌더스는 콘돔을, 노먼 보커는 일기장과 베트콩 소년병 시신에서 떼어낸 엄지손가락을, 랫 카일리는 만화책을, 독실한 침례교도

이자 북미 원주민 후손인 카이오와는 삽화판 신약성경과 백인에 대한 불신과 사냥용 손도끼를, 지미 크로스 중위는 연애편지라고 믿고 싶은 위문편지와 소대원들에 대한 책임감을 지니고 다녔다.

> 그들은 저희 자신의 목숨을 가지고 다녔다. 스트레스가 상당했다. 이른 오후의 더위 속에서 그들은 철모와 방탄조끼를 벗고 맨몸으로 걷곤 했는데 그것은 위험한 일이었으나 스트레스를 달래는 데 도움이 되었다. 그들은 경로를 따라 행군하다가 이것저것 버리곤 했다. 그저 편하기 위해서 전투식량을 내버리고 클레이모어며 수류탄을 터뜨려 없애고도 아무렇지 않았는데, 왜냐하면 해 질 녘에는 보급 헬기들이 똑같은 걸 더 많이 가져올 것이고 그 뒤 하루이틀이 지나면 더 더 많이, 신선한 수박에 탄약 상자에 선글라스에 울 스웨터까지 가져올 것이었기 때문이다. (…) 베트남의 알 수 없는 모든 것, 모든 미궁과 미지에도 불구하고 적어도 한 가지는 확신이 들었는데, 그들이 가지고 다닐 게 없어 막막할 일은 없으리라는 거였다.[5]

병사들은 힘들게 짊어지고 다니던 것들을 슬쩍 버리기

도 했다. 버리고 새로 짊어졌다 또 버리고 다시 짊어지는 것. 전쟁이라는 인간이 발명한 가장 파괴적인 부조리에 보급선이 끊기는 일은 없을 테니.

연필과 볼펜, 면도날, 씹는담배, 작은 염화미소 불상, 양초, 성조기, 손톱깎이, 정글모, 뜨거운 음식과 차가운 맥주, 살충제, 태닝 로션, 체스 세트, 농구 세트, 베트남어-영어 사전, 독립기념일 폭죽, 색칠한 부활절 달걀.

그들이 재보급받지 못하는 보급품은 오직 목숨뿐이었다. 전쟁의 차가운 역사가 말해주듯, 워싱턴의 권력자들에겐 그조차도 재보급이 가능한 품목이었을 테지만.

『그들이 가지고 다닌 것들』은 내가 창작 수업에 가지고 다닌 책들 중 하나였다. 주로 첫 수업에 챙겨 가곤 했다. 언젠가 한 신춘문예 시상식장에서 들었던 수상 소감을 떠올리며.

"끝까지 살아남겠습니다."

떨리는 목소리로 다짐하던 그 말이 오래오래 잊히지 않았다. 너무 비장한 소감 아닌가 하면서도 끝없이 존재 증명을 해야 하는 업계의 현실을 부정할 수 없어 쓸쓸했던 마음과 함께.

"글을 쓰는 과정 자체가 목적이 되어야 합니다. 100권의 책을 낸 사람보다 지금 한 줄의 글을 쓰고 있는 사람이 바로 작가입니다."

살아남겠다는 소감을 얘기할 기회도 아직 얻지 못한 학생들에게 이런 소리는 얼마나 공허하게 들렸을까. 어찌어찌 등단한다 해도 생존을 위한 투쟁은 그때부터 시작이라는 걸 훤히 꿰고 있는 그들에게. 전장에서 살아남는 데 도움이 될 무기를 건네듯 그 소설을 가지고 갔는지도 모르겠다. 소설 창작업계의 '손자병법$^{\text{The Art of War}}$'이라도 소개하는 심정으로. 작지만 날카로운 바늘 하나 건네는 심정으로.

팀 오브라이언의 소설을 처음 읽었을 때 나는 바늘로 손끝을 따인 것 같았다. 내 몸뚱이를 통과한 이야기가 활자로 태어나는 그곳, 자판 위에 놓인 손가락 끄트머리가 따끔했다. 이내 검붉은 핏방울이 동그랗게 맺히는가 싶더니 꽉 막혀 있던 무언가가 뚫리는 느낌이었다.

막힌 건 무엇이고 뚫린 건 무엇이었나. 손끝에 느껴진 따끔함만큼이나 분명한 한 가지는 그날 이후 내게 한 편의 소설을 쓴다는 것은 바늘구멍으로 우주를 들여다보는 일이 되었다는 점이다.

내가 창작 수업에 가지고 다니는 것들은 책만이 아

니다.

 출석부, 비행기모드로 잠긴 휴대폰, 달달한 믹스커피가 담긴 보온병, 썰렁한 농담을 던질 용기와 그 냉기로부터 나를 보호해줄 두툼한 겉옷, 그리고 날렵하게 깎은 연필 한 자루.

 커피는 블랙일 때도 있고 겉옷은 계절 따라 바뀌지만 연필은 반드시 지우개가 달린 것이어야 한다.

 파버카스텔에서 나온 오렌지색 HB 연필. 자주색 지우개가 달린 뾰족한 연필을 쥐고 있으면 날카로운 첨삭 지도를 해줄 수 있을 것만 같다. 어디에 밑줄을 그어야 할지 어디를 지워야 할지 더 잘 보이는 것만 같다. 뾰족한 연필심과 둥근 지우개가 나침반의 N극과 S극처럼 문장들 속에서 길을 잃고 헤매지 않게 해준다.

 내 소설을 구상할 때도 지우개 달린 연필의 도움이 필요하다. 어떤 상상이든 주저 없이 적어 내려갈 수 있는 것은 언제라도 깨끗이 지울 수 있기 때문이다. 거창하고 화려한 것들을 잔뜩 쓴 다음 하나하나 지우고 나면 군더더기 없는 단단한 것들을 그제야 쓸 수 있게 된다.

 지우개 달린 연필은 내게 일종의 부적인지도 모르겠다. 눈 밝은 독자로 만들어주는 부적. 어깨에 힘을 뺀 작가로 만들어주는 부적. 뾰족하게 깎은 부적을 한 다스씩 쌓아 두고 있어도 눈이 노안으로 침침해지고 어깨가 오십견으로 굳어가는 것을 막을 수는 없지만.

빼어난 소설들이 그렇듯 「그들이 가지고 다닌 것들」은 작가 자신의 체험에서 나왔음에도 작가 자신과 거리를 두고 있다. 소대원 한 명 한 명이 저마다 가지고 다닌 것들을 저토록 객관적이고도 꼼꼼히 쓸 수 있게 되기까지 작가는 자꾸만 무너져 내리는 자신을 얼마나 냉정히 돌려세워야 했을까. 전쟁의 기억을 떠올릴 때마다 고통에 몸부림치는 자신을 얼마나 멀찍이 두고 지켜보아야 했을까.

감히 짐작도 할 수 없다. 작가가 어떤 시간의 밑바닥을 박박 기어야 했을지. 전쟁을 짊진 자들, 그 짐들을 하나씩 기록함으로써 마침내 그들을 전쟁이라는 무거운 짐 더미에서 해방시킬 혈로를 뚫기까지. 전쟁이라는 흑암 우주에 병사들이 가지고 다닌 것들이라는 바늘구멍을 뚫기까지. 전쟁의 파괴적 본질을 검붉은 피 한 방울로 담아낼 만큼 예리한 바늘구멍을.

탁구나 한 판

서사창작과에는 3대 미스터리가 있는데 그중 하나는 학과사무실 앞 복도에 있는 탁구대다.

해마다 신입생들이 묻곤 한다.

"웬 탁구대예요?"

나도 묻고 싶다. 십수 년 전 학과장 회의에 앉아 있던 내게. 실습 기자재 예산으로 뭘 사야 할지 대답해야 했을 때 탁구대라고 말한 내게.

당시 나는 학생들 의견을 수렴해서 정하겠다고 하려다 말았다. 문학 특강에 초청하기를 바라는 작가 설문지에서 오르한 파묵을 본 장면이 스쳤다. 꿈이 너무 현실적이네. J. D. 샐린저 정도는 써내야지, 했던 기억과 함께.

"탁구대가 있으면 좋겠습니다."

나도 모르게 튀어나온 소리였다.

회의실에 있던 사람들이 모두 웃었다. 나도 따라 웃었다. 농담이라도 던진 것처럼.

책상 앞에만 앉아 있는 학생들의 관절 운동을 위해서라며 탁구대를 호기롭게 들여놓았지만, 학생들이 탁구 치는 모습을 본 것은 지금껏 손에 꼽을 정도다.

사실 탁구대는 내가 갖고 싶었는지도 모른다.

어린 시절 나는 밥상을 탁구대 삼아 탁구를 쳤다. 접이식 쇠다리가 붙은 갈색 호마이카 상. 어머니, 아버지에 6남매까지 여덟 식구가 달라붙어 밥을 먹는 상 한가운데 주판을 세워두고 미니 탁구를 치곤 했다. 책받침 탁구채로 스카이서브도 넣고 회전도 걸고 스매싱도 날렸지만, 안방 구석구석으로 날아간 공을 주워 오기 바빴다.

그때 그 시절 밥상은 책상이기도 하고 이젤이기도 했다. 밥상머리에서 책도 읽고 숙제도 하고 그림도 그렸다. 그러다 또 밥때가 돌아오면 행주로 슥슥 훔친 다음 둘러앉아 열심히 밥을 먹었다. 먹고 읽고 쓰고 그리는 일이 하나로 이어져 있었다. 잘 먹어야 잘 읽고 잘 읽어야 잘 쓰고 잘 써야 잘 먹을 수 있는 것처럼.

8인용 호마이카 상 앞에서는 모두가 평등했다. 연탄불

에 살짝 구운 곱창김도 한 사람에 한 장씩이었고, 탁구공을 주판 너머로 정확히 넘기려면 키가 크든 작든 무릎을 꿇어야 했다. 기다란 직사각형이었지만 상석이 따로 없었다.

내가 갖고 싶었던 것은 그냥 탁구대가 아니라 커다란 밥상이었는지도 모른다.

먼지를 뒤집어쓴 채 놀고 있는 탁구대를 볼 때마다 상상하곤 한다. 거기 둘러앉아 밥도 먹고 커피도 마시고 책도 읽고 글도 쓰는 그림을. 물론 글쓰기 수업도.

"매력적인 캐릭터는 어떤 캐릭터인데요?"

캐릭터의 매력이 부족한 것 같다는 내 피드백에 학생이 묻는다.

"내면에 신비를 품고 있는 사람 아닐까요."

"내면의 신비가 뭔데요?"

"뻔하지 않고 예측 불가능한 것이겠죠."

"그걸 어떻게 보여주나요?"

"행동으로 보여줘야죠. 예를 들어 아침을 먹고 양치질을 하는 건 행동일까요?"

학생들이 고개를 갸웃한다.

"그럼, 전투 직전 양치질을 하는 건 행동일까요?"

학생들이 고개를 끄덕인다.

"왜죠?"

"뻔하지 않으니까요."

합이 착착 맞는 핑퐁 랠리의 리듬이 강의실을 휘감아 돈다.

"서사창작과 사무실 앞에 탁구대가 있는 이유는 뭘까요?"

신입생들에게 받은 질문을 나는 짧은 커트로 되넘긴다.

학생들이 매력적인 답을 짜내느라 머리를 굴린다.

당신은 뭐라고 대답하겠는가.

뻔하지 않고 매력적인 캐릭터로 보이려면.

연습 삼아 빈칸을 채워보자.

"   "

*

매력적인 캐릭터와 매력적인 대사의 좋은 예는 다음과 같다.

말괄량이 삐삐의 집에 놀러 간 친구들이 베란다에 있는 말을 의아해하며 물었다.

"말이 왜 베란다에 있어?"

말괄량이 삐삐는 태연스레 대답했다.

"부엌에 두면 걸리적거리잖아. 그렇다고 이 녀석이 거실을 좋아하는 것도 아니라서."

*

수업이 잘되는 날은 질문과 대답이 탁구공처럼 경쾌하게 오간다.

글쓰기도 마찬가지다. 글을 쓰는 것은 핑퐁 랠리 같은 리듬을 만들어내는 일이니. 인물들이 말과 행동을 주고받는 리듬, 문장과 문장이 이어지는 리듬, 이야기가 상승하고 하강하는 리듬. 그 리듬은 말로 설명할 수도 칠판에 적어 가르칠 수도 없다. 글의 리듬은 삶의 리듬에서 오기 때문이다. 밥상이 탁구대가 되고 책상이 되고 이젤이 되었다 다시 밥상이 되는 리듬처럼.

그러고 보니 탁구대는 서사창작과에 꼭 필요한 실습 기자재였다.

"서사창작과 사무실 앞에 탁구대가 있는 이유는 뭘까요?"

내 질문에 학생들이 또 다른 질문으로 응수한다.

"그게 탁구대였어요?"

"당구대는 너무 비싸서요."

"답을 맞히면 뭐 해주실 건데요?"

나는 대답 대신 가볍게 손목을 풀며 말한다.

"정답 같은 건 없어요. 우리 탁구나 한 판 칠까요?"

스무 살의 자화상

나는 1학년 글쓰기 수업을 자화상 그리기로 시작하곤 한다.

백지 한 장을 나눠 주고 한 면에는 외적 자화상을, 나머지 한 면에는 내적 자화상을 그려보게 한다.

"그림이든 글이든 암호문이든 뭐든 상관없어요. 내가 생각하는 외면의 나와 내면의 나를 보여줄 수만 있다면. 단, 이름은 쓰지 말고 제출하세요."

익명의 베일 너머에서 저마다 자신의 얼굴을 열심히 적고 그린다.

나는 누구인가. 당연히 안다고 생각하지만 제대로 물어본 적 없는 질문, 모든 글쓰기의 출발점이 되는 질문과 대면한다.

내게도 그런 순간이 있었다.

스무 살 어느 가을날, 수업을 빼먹고 학교 근처 동시상영관에서 죽치다 하숙집으로 돌아가는 길이었다. 홍콩영화 〈천장지구〉와 제목도 기억나지 않는 예술영화 한 편을 본 뒤 극장 앞 문구점에서 노트와 펜을 샀다. 평소에 쓰지 않던 줄 없는 스프링 노트와 검정 플러스펜을.

그날 내가 검정 플러스펜으로 스프링 노트에 그린 것은 거울에 비친 내 얼굴이었다. 몇 개의 얼굴을 그린 후로 글도 끼적이게 되었다.

> 나는 빈껍데기에 지나지 않는다 내게 없는 것이 거울 속에 있다 이 가을은 나만 빼고 가을이다 시는 감정의 자발적 흘러넘침이 아니라 감정으로부터의 용감한 도피다 플라톤은 인류 최초의 낭만주의자다 너의 목소리는 동전 두 개뿐이다 나는 날마다 죽는다 나는 날마다 태어난다 사랑은 날마다 죽는다 사랑은 날마다 태어난다 12월 30일 도망치듯 서울을 빠져나왔다 누구나 하루 세 번 자신을 속인다 우리는 모두 누군가 꾸는 꿈의 재료에 지나지 않는다던가 오늘도 밖에 나가지 않을 것 같다

스무 살 내면의 불안한 자화상이 휘갈긴 손 글씨로 박제되어 있다.

스무 살. 그것은 한 번 거쳐 가는 인생의 한 시기가 아니라 영원히 되돌아오는 어떤 순간일 것이다. 학생들의 수많은 자화상은 저마다 다른 이목구비를 갖고 있지만, 정확히 스무 살의 눈빛을 하고 있다.

나는 천재를 믿지 않는다 내가 뒤에 두고 온 것들을 사랑한다 웃을 때 못생겨지는 얼굴이 싫어서 웃지 않는다 귀가 유에프오같이 생겼다 그거 좋은 뜻이죠 자꾸만 반문하는 버릇이 생겼다 쌍꺼풀이 없어서 1그램 덜 나간다 텅 빈 극장에서 자리를 옮겨가며 앉는 취미가 있다 가르마를 타고 싶지 않은 날이 있다 서울의 봄은 너무 춥다 내복을 입을 수 있다는 점은 좋다 나는 내가 아니라면 절대 만나고 싶지 않은 누군가이다 양말을 신지 않으면 잠이 안 온다 맨발로 자갈길을 헤매는 꿈을 자주 꾼다 증명사진은 무엇을 증명해줄 수 있나 거울을 그냥 지나치지 못하지만 거울을 열심히 들여다보는 것도 아니다 탄수화물 함량을 체크하고 싶지 않다 무슨 일 있냐는 말을 들으면 정말 무슨 일이 있을 것만 같아진다 내면 자화상은 왼손으로 그린다 도를 믿으시냐는 소리를 자주

듣는다 꽃 피면 야외수업도 하나요?

다정하면서 냉정하고 여리면서 단단하고 자신을 사랑하면서 혐오하는 아이들. 어디가 앞면이고 어디가 뒷면인지 알 수 없는 자화상을 가진 아이들.

자기 얼굴을 사실적으로 그린 그림은 거의 없다. 추상화의 대가 피카소조차 스무 살에는 누구인지 알아볼 만한 자화상을 남겼는데.

달랑 두 눈동자만 그려놓은 그림, 뇌 단면도 같기도 하고 등고선지도 같기도 한 미로 그림, 한 면은 백지 그대로고 다른 한 면은 먹지처럼 새까맣게 칠해놓은 그림.

이름의 굴레에서 벗어난 학생들의 얼굴은 누가 누구인지 짐작도 할 수 없다.

내 빛바랜 스프링 노트에도 익명의 자화상 같은 글과 그림들이 가득하다. 다정하면서 냉정한, 여리면서 단단한, 자신을 사랑하면서 혐오하는, 내면인지 외면인지 분간할 수 없는 혼란스러운 글과 그림들 끝에 단순하고 평범한 그림 하나가 있다. 바로 눈앞의 것들, 책상 위에 놓인 사물들을 스케치한 그림. 그 그림을 그리고 얼마 후 나는 난생 처음 소설 비슷한 것을 쓰기 시작했다.

　너바나의 라이브 앨범 테이프가 다 돌아가면 카세트 플레이어를 끈다. 안경을 벗어 깨끗이 닦은 다음 대학 노트에 어제 쓰다 만 글을 이어 써본다. 가끔 사전도 찾아보고 연필을 뾰족하게 깎기도 한다. 불안하고 혼란스러워도 괜찮다. 청춘의 불안도 존재의 혼란도 사각거리는 연필 끝에 함께 임하나니.

　이것이 내 영혼의 자화상.

　내가 바라보고 있는 것, 그것이 곧 나다.

　몸을 낮춘 오후의 빛 속에서 자화상 그리기에 몰두하는 학생들을 바라본다. 그들은 자화상의 첫 획을 긋기도 전에 이미 각자의 가장 정직한 얼굴을 보여준다. 나는 누구인가. 백지를 앞에 둔 불안과 혼란 속에서 자화상의 윤곽을 잡아가는 모습. 내 젊은 날의 초상을.

너의 네 번째 이름은

 1년 365일 검정 롱 패딩만 걸쳐도 이상한 그림이 아닐 예술 학교 교정에서 그나마 볕을 쬐며 앉아 있을 만한 곳은 작은 연못가 벤치다. 연못 이름은 엉뚱하게도 음지못이지만.
 "우리는 음지에서 일하고 양지를 지향한다."
 역사의 뒤안길로 사라진 으스스한 부훈을 떠올리게 하는 이름은 예술 학교에 건물을 내주고 이사 간 안기부의 흔적인 것 같다.
 음지못은 모네의 그림처럼 겨울 한 철만 빼고 늘 수련에 덮여 있다. 실제로 연못이 한눈에 담기는 근처 벤치에 앉아 있으면 파리의 모네미술관이 부럽지 않다.
 어디든 명당자리는 사람보다 고양이가 먼저 알아본다.

모찌.

학생들이 연못 주변에서 고양이를 발견하면 감탄사처럼 내뱉는 두 글자. 연못가 정자 한복판에서 식빵을 굽고 있는 까만 얼룩 고양이를 보면 모찌가 떡이라는 일본말에서 온 이름은 아닌 것 같다. 음지못 지킴이, 음지못 지박령, 음지못 돼지냥이. 원래 무엇이었든 줄여서 못지 못지 부르다 보니 모찌가 되었는지도 모른다.

세상에 저 혼자뿐인 것처럼 느긋하게 볕을 쬐고 있던 모찌는 이따금 고개를 들어 이쪽을 쳐다본다. 내가 이름이라도 불러준 것처럼.

나는 모찌라고 불러준 적이 한 번도 없다. 진짜 이름이 아닌 것 같아서.

 고양이 이름 붙이기는 어려운 일,
  심심풀이로 할 일이 아니지.
 언뜻 듣기엔 헛소리 같겠지만,
  고양이는 이름이 세 개는 있어야 해.
 먼저 평소에 부를 이름이 있어야지.
  피터, 오거스터스, 알론조, 제임스,
 빅터나 조너선, 조지나 빌 베일리,

모두 다 평소 부르기 좋은 이름들.

원한다면 더 화려한 이름도 있어.

　　신사 이름도, 숙녀 이름도 있지.

플라톤, 아드메토스, 엘렉트라, 데메테르,

　　화려해도 평소 부르기 좋은 이름들.

하지만 고양이는 특별한 이름도 필요해.

　　말하자면 독특하고 품위 있는 이름.

그런 이름이 없으면 꼬리를 쳐들거나

　　콧수염을 뻗거나 자부심을 품지 못해.

이 특별한 이름도 몇 개만 꼽아보면,

　　문커스트랩, 쿠악소, 코리코팻,

봄발루리나, 아니면 젤리로럼,

　　오직 한 고양이만 가질 수 있는 이름.

아무래도 모찌는 첫 번째 이름일 테지. 평소 부르기 좋은 이름.

T. S. 엘리엇의 시 「고양이 이름 붙이기」를 읽으며 모찌의 두 번째 이름을 상상해본다. 더 화려한 신사 숙녀의 이름.

정몽주, 황진이, 신윤복, 백석, 버지니아 울프, 김수영.

하나씩 불러봐도 돌아보지 않더니 에밀리 디킨슨이라고 불렀을 때 살짝 고개를 드는 것 같았다.

세 번째 이름도 상상해본다. 오직 한 고양이만 가질 수 있는 이름.

호랑가시나무꽃, 검은밤횐나비, 긴수염터틀넥공작, 노란눈갈고리발톱여왕.

하나씩 불러봐도 에밀리 디킨슨은 꿈쩍 않았고 나는 수업 시간이 다 되어 자리를 떴다.

1학년 1학기 글쓰기 수업 출석부를 받아 들면 거기 적힌 낯선 이름들을 찬찬히 불러보곤 한다. 새로 발견된 천체 이름처럼 얼른 입에 붙지 않는 이름들을 부르고 또 부르다 보면 어느새 부르기 좋은 이름이 된다. 학생들도 부르기 좋은 이름에 어울리는 읽기 좋은 글로 화답한다. 예술 학교 입시를 위해 갈고닦은 모범 답안 같은 글.

과잠을 맞춰 입고 다닐 무렵 학생들은 두 번째 이름으로 글을 써 온다. 백석, 버지니아 울프, 김수영, 에밀리 디킨슨. 화려하고 시적이지만 어디선가 본 듯한 글. 고독한 천재 예술가가 되고 싶어 하는 글을.

천재 같은 건 믿지 않게 되면서 지각도 결석도 잦아진 학생들은 세 번째 이름으로 글을 쓰기 시작한다. 호랑가

시나무꽃, 검은밤휜나비, 긴수염터틀넥공작, 노란눈갈고리발톱여왕. 멋지고 독특하지만 부르기 어려운 이름으로 자기 자신을 찾으려 몸부림치는 글을 쓴다. 오직 한 사람만이 쓸 수 있는 글을.

나만의 이름 찾기는 여기가 끝이 아니다.

> 그러고도 이름이 또 하나 있지.
>   그것은 네가 상상도 못 할 이름,
> 사람은 아무리 궁리해도 알 수 없어.
>   고양이 혼자만 알고 절대로 알려주지 않아.
> 고양이가 깊은 생각에 잠겨 있다면,
>   그 이유는 정말이지 늘 똑같아.
> 자기 이름을 생각하고, 생각하고, 또 생각하며
>   깊은 명상에 빠져 있는 거야.
>   말할 수 없이 말할 수 있으나
>   말할 수 있다 말할 수 없는
> 불가사의하고 심오하고 유일한 그 이름.[6]

두 번째 이름과 세 번째 이름으로 부딪치고 깨지고 아무는 시간을 통과하고 나서야 네 번째 이름 찾기가 시작

된다. 모범 답안 같은 글, 고독한 천재 예술가의 글, 오직 나만이 쓸 수 있는 글을 지나야 명상할 수 있는 이름을.

 말할 수 없이 말할 수 있으나 말할 수 있다 말할 수 없는 이름. 말할 수 없이 중요하지만 중요하다 말할 수 없는 이름. 이름이 무엇인지는 중요하지 않은 이름.

 이름 같은 게 중요하지 않다는 걸 알면 비로소 쓸 수 있을까. 나 자신이 이야기의 주인이 아니라 이야기의 통로가 되는 글을. 한 편 한 편 이름이 달라지는 글을. 이름을 남기겠다는 생각 없이 그냥 쓰고 또 쓸 수 있게 될까.

 "응, 에밀리 디킨슨?"

 이번에는 모찌가 돌아보기는커녕 고개를 딴 데로 돌린다. 자기만 아는 진짜 이름을 명상하듯 묘하디묘한 옆얼굴로. 아니, 명상 같은 건 하지 않는다. 고양이는 고양이니까. 그냥 저러고 있을 뿐이다.

 어쩌면 모찌의 진짜 이름도 '그냥'일지 모른다.

짧은 소설

히든 라이터

그런 야바위판에는 낄 수 없다고 잘라 말했어야 했다.

히든 라이터.

익명의 글 세 편 중에서 찐 소설가를 가리는 이벤트라니. 작가의 신작을 독자들의 모작 두 편과 함께 무기명으로 발표해 어떤 작품이 진짜 소설가의 것인지 투표에 부친다니. 누구 머리에서 나왔는지는 몰라도 텔레비전 예능 프로 〈히든 싱어〉를 떠올리기는 어렵지 않았다.

분량은 200자 원고지 30매에 잡지 마감 날짜는 여섯 달 뒤였다. 간만의 청탁이 감사했지만 처음에는 거절할까 했다. 내게 〈히든 싱어〉는 왕년의 스타 가수가 얼굴을 가린 채 모창 가수들과 겨뤄 오직 목소리만으로 자기 자신을 증명하는 프로였다. 문학이 예능프로 흉내라도 내야 살아

남는 시대가 되었구나, 씁쓸하면서도 히든 라이터 세 명 중 한 명으로 선정된 것에 가슴이 뛰었다. 함께 등판할 두 명의 이름을 듣고는 더 망설일 필요가 없었다. 여전히 글도 많이 쓰고 책도 많이 나가는 작가들. 거기 묻어가고 싶은 마음이 없었다면 거짓말일 것이다.

"투표를 어떻게 한다고요?"

야바위판 주변으로 사람들이 구름처럼 모여드는 그림을 그리며 편집자에게 물었다.

"잡지 발간 직후 출판사 페이스북에서 정기 구독자 100분을 상대로 진행할 거예요."

"선수 생명이 걸린 투표네요."

"에이, 작가님이야 거의 99프로겠죠. 저희는 100퍼일까 걱정인걸요."

편집자는 〈히든 싱어〉 A 가수 편을 안 본 게 틀림없다.

그날의 히든 싱어 A로 말하자면 90년대 초반 발라드의 황태자로 불리던 미성의 가수, 고음을 고성으로 커버하는 내가 노래방 마이크에 나아가라 폭포수 같은 비말을 쏟아내며 열창해마지않던 메가 히트곡들의 주인공이었다.

반가운 마음은 첫 라운드 막이 오르자마자 싹 가시고 말았다. 전성기 A의 재림같이 텐션 가득한 목소리들 사이에서 성대에 새겨진 촘촘한 나이테를 감추지 못하는 목소리가 하나 있었다. 히든이라는 수식어가 민망할 만큼 답이 빤히 보였다. 최소 득표는 예정된 수순. 최종 라운드까지 살아남기는커녕 프로그램 사상 초유의 1라운드 탈락 사태가 벌어지고 말았다.

"저보다 더 저처럼 부르시더라고요. 신기해하다 제 파트를 놓칠 뻔했네요. 아무래도 번지수를 잘못 찾은 것 같아요. 여기가 아니라 〈슈가맨〉에 출연했어야 했는데."

와중에도 A는 분위기를 띄우려 애썼지만 입담마저 예전 같지 않았다.

찐 작가로 선택받지 못하는 건 둘째치고 함께 참여하는 세 작가 중 압도적 최소 득표의 불명예를 뒤집어쓸 수도 있었다. 핫한 작가들에 묻어가려던 얄팍한 계산이 부메랑으로 돌아올 줄이야. 아무리 재봐도 다른 두 작가가 나보다 표를 덜 받을 것 같지는 않았다.

세 자리 날짜로 넉넉하던 원고 마감이 한 자리가 되도록 나는 A 가수의 히트곡 모음만 무한 반복 재생하고 있었다. 꿀성대. 바닐라 창법. 달달한 명성에 걸맞은 젊디젊은 시절 A의 목소리를.

나를 잊어도 돼. 다음 세상에서 우연히 스쳐 지나가는

순간 그때는 기억해줘.

"기, 억, 해, 줘어어."

나도 모르게 후렴구를 따라 부르는 순간 깨달았다. 청중이 기억하는 것은 가수 A의 전성기 목소리라는 것을. 나도 내 리즈 시절 목소리만 되찾을 수 있다면 찐 작가 당첨은 기본에 어쩌면 최다 득표의 영예까지 거머쥘지도.

슬럼프에 빠진 야구선수가 잘나가던 시절 타격 영상을 돌려보고 또 돌려보듯 우선 무너진 폼부터 추슬러야 했다.

소설가 김경욱의 리즈 시절은 언제였나.

스페인어로도 번역된 「위험한 독서」를 뽑아낼 즈음?

지금이야 한 시간이 멀다 하고 침대에 누워 배터리를 재충전하는 나도 그땐 책상머리에 한번 앉으면 지문이 닳도록 자판을 두드려댔지. 하지만 논문 같다는 한 지인의 혹평이 떠올라 패스.

「누가 커트 코베인을 죽였는가」를 겁 없이 써 내려가던 시절?

음악 서적 코너에 꽂혀 있던 장면에 패스.

장고 끝에 내린 선택은 「99%」였다. 99퍼센트의 영감과 1퍼센트의 땀으로 쓴 작품. 제목이 떠오르기 무섭게 도입

부부터 마지막 장면까지 한달음에 휘몰아 쓴 기억이 아직도 생생했다.

나는 세계문학사에서 유래를 찾아보기 힘든 셀프 필사에 착수했다. 당시 기분을 되살리려 카카오 함량 99퍼센트 초콜릿까지 연신 씹어 삼키며 내가 쓴 문장들을 한 줄 한 줄 정성껏 베껴 적었다.

하늘은 스스로를 필사하는 자를 돕는다 했던가.

전문을 서너 번 베껴 적을 즈음 감이 돌아오는 것 같았다. 누군가 불러주는 것처럼 술술 써 내려가던 감각, 문장들이 음악처럼 내 몸에서 흘러나오던 감각이.

어느새 나는 히든 라이터 출품작 제목을 타이핑하고 있었다.

1%.

신들린 듯 춤추는 손끝에서 완성된 작품은 「99%」를 180도 뒤집은 스토리였다. 1퍼센트를 시샘하는 99퍼센트가 아니라 99퍼센트의 시샘을 받는 1퍼센트의 목소리. 시샘하는 자는 시샘할수록 늙어가지만 시샘받는 자는 시샘받을수록 젊어진다. 젊음이란 시샘을 끝없이 집어삼켜야 사는 괴물. 이런 테마를 다루고 있자니 내 목소리마저 시간을 거슬러 팽팽해지는 느낌이었다. 탄력받은 김에 동네 노래방 마이크를 씹어 삼키던 나날로 돌아가 목청을 한껏 높여보았다.

"나를 잊어도 돼. 다음 세상에서 우연히 스쳐 지나가는 순간 그때는 기억해주워어어."

평소보다 두 배는 두툼해진 잡지를 받자마자 모작 두 편을 휘리릭 훑어본 소감은 '그럼 그렇지'였다. 군사독재 시절 체육관 선거에서도 달성하지 못한 100퍼센트 득표율을 도저히 피할 길이 없어 보였다.

「장국영이 살아 있다고?」.

「신에게는 할머니가 없었다」.

「장국영이 죽었다고?」와 「신에게는 손자가 없다」를 어설프게 흉내 낸 제목이라니.

먼저 「장국영이 살아 있다고?」. 어딘가 살아 있다며 대놓고 밑밥을 깐 장국영은 온다, 온다 바람만 잡고 끝내 나타나지 않았다. 피싱 픽션이라는 새 장르를 개척하기로 작정했나. 독자를 우롱해도 유분수지. 더구나 내 소설에서 영화 얘기가 자취를 감춘 게 언젠데. 나의 문학적 리즈 시절이 정확히 언제인지는 꼭 집어 말하기 애매해도 영상 세대라는 꼬리표를 땐 이후임은 분명했다.

「신에게는 할머니가 없었다」는 가독성이라도 있었다. 손자의 학폭 피해 사실을 돈과 권력으로 무마하려 드는 가해자들 부모를 응징하는 복수담. 결말이 궁금하다는 점에서 내 글로 오판할 가능성이 없지 않았지만, 내용이 황당무계했다. 제 한 몸 건사도 어렵던 팔순 할머니가 갑자기 프로 킬러처럼 능숙하게 타깃을 해치워나가다니. 차라리 할머니를 은퇴한 킬러로 설정하고 본격 장르물을 쓰든지. 어정쩡한 순문학 흉내를 내는 바람에 이도 저도 아닌 글이 되고 말았다.

두구두구두구두구두구…… 대망의 독자 투표 결과는?

「99%」를 필사한 게 실수였을까. 100명 중 아흔아홉이 모작의 손을 들어주다니. 헛다리를 짚으며 남긴 한 줄 평들 역시 어처구니없었다.

-궁금하게 만들고 끝내버리는 엔딩은 이 작가의 트레이드마크.

-서걱거리는 무미건조한 문장. 두 번째 단락까지 읽을 필요도 없다.

내 소설을 따라 읽기는 한 건가. 내 작품 세계와 전혀 상관없는 얘기 일색이었다. 미처 몰랐던 동명이인 작가가 활동하고 있나 싶을 만큼.

-장국영이라 불리는 작중인물은 살아 있을까 죽었을까? 소설판 「고도를 기다리며」랄까. 대학로에서 잔뼈가 굵은 작가라더니 과연.

장국영이 누군지도 모르다니. 대학로 잔뼈는 또 무슨 소린가. 장국영은 모르는데 고도는 안다? 한 줄 평을 읽어 내려갈수록 헛웃음만 나왔다. 내겐 이 모두가 한 편의 부조리극이었다.

「1%」. 내심 득표 1등을 노린 제목을 지을 때는 상상도 못 했다. 나의 이벤트 출품작 제목이 현실이 될 줄. 100표 가운데 한 표라니. 딱 한 표라니. 현실이 된 허구야말로 개연성이 생명인 소설이라는 장르가 누릴 수 있는 최고의 영예라지만.

갑자기 소름이 돋았다. 빵 표의 굴욕을 모면케 해준 유일한 표(셀프 투표는 절대 아니다). 역시나 그 천금 같은 표에 딸린 한 줄 평도 의미심장했다.

-점점 나아지고 있다. 예전에는 2프로 부족한 느낌이었는데 이번 작품은 1프로쯤 부족했다.

애당초 셀프 필사 같은 건 필요 없었는지 모른다.

나의 리즈 시절은 아직 오지 않았기에.

2
예술과 인생

다정한 무관심

 글쓰기에 관한 많은 것을 나는 한 서적 외판원에게 배웠다.

 그는 내가 다니던 대학 캠퍼스에 거의 상주하다시피 하며 월부로 책을 팔던 사람이었다. 제3세대 작가 선집, 한국문학 전집, 세계사상 전집. 겨우 누울 자리뿐이던 하숙방 벽 하나를 통째 차지한 책들이 전부 그에게서 왔다. 다달이 과외 월급을 헐어 책값을 다 치를 즈음 또 다른 월부 계약서에 사인을 하고 있는 자신을 발견하곤 했다. 이미 들여놓은 전집 중에도 안 읽은 책이 태반이었건만.

 알다가도 모를 일이었다. 그는 세일즈에 그다지 열을 올리지도 않았는데. 스스럼없이 벤치 옆자리에 앉아 담뱃불을 빌리거나, 지금 몇 시냐고 물으며 가볍게 말문을 틀

뿐. 그러면서도 고맙다는 인사치레 한마디 없었다. 의아했다. 한두 번도 아니고 매번 불을 빌리고 시간을 묻는 모습이. 깃이 빳빳한 셔츠에 콤비 양복을 갖춰 입고 흠집 하나 없이 반질반질한 007가방까지 들고 다니는 사람답지 않았다.

라이터도 손목시계도 일부러 가지고 다니지 않았던 걸까. 어쩌면 콤비 재킷 속주머니에 고이 모셔져 있었을지도 모른다. 내게 도움을 준 사람보다 내가 도움을 준 사람에게 더 호감이 생기는 역설을 나는 오랜 시간이 지나 깨닫게 되었다.

"라이터 좀 빌릴 수 있어요?"

나를 처음 보았을 때도 그는 바지 주머니에서 담뱃갑을 꺼내며 물었다.

"저 담배 안 피우는데요."

담뱃갑을 도로 집어넣고서 그가 다시 물었다.

"지금 몇 시예요?"

"시계가 없어서요."

나는 빈 손목을 슬쩍 내보이며 대꾸했다.

건너편 등나무 벤치에 담배를 피우는 한 무리가 보였지만 그는 내 옆자리를 뜨지 않았다. 그와 나는 한참을 침묵 속에 나란히 앉아 있었다. 그가 무심하게 한마디 건네기 전까지.

"영문학개론 수업 시작할 때 된 것 같은데."

그 말을 듣자마자 나는 튕기듯 일어나 강의실로 향했다.

그를 다시 만났을 때 나는 스물네 권짜리 제3세대 한국 문학 전집을 계약했다. 10만원도 훌쩍 넘는 대금은 물론 12개월 할부였다.

서적 외판원으로 가장한 안기부 요원이라는 소문이 돌 만했다. 계약서를 쓸 때만 재킷 안주머니에서 꺼내는 뭉툭한 은빛 만년필은 녹음기였나. 007가방 안쪽에는 비밀 무기라도 감춰놓았을까. 나이도 도무지 짐작할 수 없었다. 벤치에 혼자 앉아 손수건으로 이마의 땀을 훔칠 때는 삼촌뻘 같았고, 동기들 틈에 끼어 맞담배를 피우고 있을 때는 좀 늦된 복학생처럼 보였다. 진지한 표정으로 책 얘기를 할 때는 교수 같기도 했다. 스파이의 얼굴이 있다면 그런 얼굴이 아닐까. 카멜레온처럼 배경에 자신의 색깔을 맞추는.

그의 정체가 안기부 요원이라고 속닥거리는 학생들조차 그 얘기를 진실로 믿는 것 같지는 않았다. 위장 요원이라기엔 책을 팔아도 너무 많이 팔았다. 존재감을 판매왕

수준으로 각인시키는 위장 요원이 있겠는가. 영문과에도 그 출판사 전집 하나 안 들여놓은 학생이 드물었다. 같은 하숙집에 살던 동기는 50권짜리 세계문학 전집을 샀다. 덕분에 그 전집만큼은 안 사고 버틸 수 있었다.

내 돈 주고 산 전집보다 동기 방 책장에 꽂힌 세계문학 전집을 더 열심히 읽었다. 『적과 흑』 『폭풍의 언덕』 『오만과 편견』 『보바리 부인』 『젊은 베르테르의 슬픔』 『죄와 벌』 『테스』 『젊은 예술가의 초상』. 웬만한 문학청년은 고등학생 시절 이미 독파했을 고전들을 뒤미처 접한 것도 그 전집을 통해서였다.

그러다 불의의 사고처럼 『이방인』의 첫 문장과 맞닥뜨렸다.

"오늘 엄마가 죽었다. 아니, 어쩌면 어제."

한글을 뗀 순간부터 법대에 가서 사법고시를 패스해야 한다고 아버지에게 세뇌당한 나를 창작의 세계로 이끈 한 줄이었다. 그동안 내가 읽어온 소설들과 전혀 달랐다.

"참 부끄러운 인생을 살았습니다."

『인간 실격』의 저 유명한 문장이 고백이라면 『설국』의 첫 문장은 묘사일 것이다.

"국경의 긴 터널을 빠져나오자 설국이었다. 밤의 밑바

닥이 하얘졌다."

내게 소설의 문장이란 (내면) 고백이거나 (세계) 묘사였다.『이방인』의 첫 줄을 접하기 전까지는.

"아니, 어쩌면 어제." 이것은 묘사인가 고백인가. 그 문장을 만나고야 나는 알았다. 세계에 대한 묘사로도 내면을 고백할 수 있다는 걸. 내면 고백으로도 세계를 묘사할 수 있다는 걸. 고백하면서 동시에 묘사하는 일이 가능하다는 걸.

어머니의 죽음마저 '어쩌면 어제'인 내면에게 분명한 세계는 대체 뭘까.

머리 위에서 비현실적으로 이글거리는 태양, 파랗게 달려들었다 하얗게 부서지는 일을 멈추지 않는 파도. 반항하는 지성 '뫼르소'에겐 무심해서 오히려 다정하게 느껴지는 그것들뿐. "살인범으로 고발되었으면서 어머니의 장례식 때 눈물을 흘리지 않았다는 이유로 사형을 받게 된" 뫼르소는 참회를 권하는 신부를 빈손으로 돌려세운 뒤 말한다.

아무도, 아무도 엄마의 죽음을 슬퍼할 권리는 없는 것이다. 그리고 나 또한 모든 것을 다시 살아볼 수 있을 것 같은 생각이 들었다. 마치 그 커다란 분노가 나의 고뇌를 씻어주고 희망을 비워버리기라도 했다는 듯, 신호들과 별들이 가득한 이 밤을 앞에 두고, 나는 처음으로 세계의 정다운 무관심에 마음을 열고 있었던 것이다. 세계가 그토록 나와 닮아서 마침내 그토록 형제 같다는 것을 깨닫자, 나는 전에도 행복했고, 지금도 여전히 행복하다고 느꼈다. 모든 것이 완성되도록, 내가 외로움을 덜 느낄 수 있도록, 내게 남은 소원은 다만, 내가 처형되는 날 많은 구경꾼들이 모여들어 증오의 함성으로 나를 맞아주었으면 하는 것뿐이었다.[7]

묘사이면서 고백일 수 있는 문장의 비밀은 『이방인』의 마지막 대목에 숨어 있었다. 정다운 무관심. 내가 마주한 세계의 무관심에서 다정함을 느낀 덕분에 '어쩌면'이라는 대담한 부사가 올 수 있었는지 모른다. 어머니의 죽음, 심지어 자신의 죽음조차 이글거리는 태양이나 부서지는 파도와 같이 다정한 무관심으로 바라본 덕분에.

글쓰기는 말하기가 아닌 보여주기라고 배웠다. 그러나 내가 『이방인』에서 읽은 것은 말하기도 보여주기도 아니면서 둘 다이기도 한 문장이었다.

돌이켜보니 그 서적 외판원의 영업 기밀도 다정한 무관

심이었던 것 같다. 캠퍼스를 누비고 다닌 다른 서적 외판원들과 달리 그는 책의 치읓 자도 먼저 꺼내는 법이 없었다. 007가방 가득 들어 있던 다양한 카탈로그를 내보이는 일도 없었다. 늘 두어 뼘 남짓 거리를 두고 앉아 바람이 이쪽까지 전해지도록 카탈로그로 부채질을 하거나 말없이 같은 곳을 바라보곤 했다. 담뱃불을 빌리거나 시간을 물어보며.

내가 처음 전집을 산 날도 예외는 아니었다. 학과 동기와 그가 무심히 주고받는 말에 왠지 귀가 쏠렸다. 귀를 기울이고 있으면 마음도 같은 방향으로 기울어지는 걸까. 평소 간접흡연도 꺼리던 내게 두 사람이 내뿜는 담배 연기마저 안온하게 다가왔다. 드문드문 이어지는 대화 속에서 책이라는 단어가 들려왔을 때 나는 대화에 끼어들지 않을 수 없었다. 책이라는 접선 암호로 엮인 은밀한 점조직의 일원이 되는 기분으로.

이윽고 아름드리 플라타너스 벤치가 다정한 무관심으로 더없이 고요해지면, 오갈 데 없는 유학생이던 나는 세계의 다정한 무관심에 스르르 마음이 열려 어느 순간 전집 카탈로그를 암호문처럼 찬찬히 뜯어보는 것이다. 그리하여 덜 외롭기 위해, 알 수 없는 커다란 분노로 고뇌를 씻고 섣부른 희망을 잠재우기 위해 장차 내가 바랄 단 하나의 소원은 묘사이면서 고백인 문장을 쓰는 것이 될 터였다.

글쓰기에 관한 많은 것을 나는 한 서적 외판원에게 배웠다. 어쩌면 거의 전부일지도 모른다.

메이드 인 택시

 지금은 대중교통이 애매할 것 같다는 판단이 서기도 전에 택시 앱부터 켜곤 하지만, 예전의 나는 많이 달랐다. 환승에 환승을 거듭하더라도 버스나 지하철을 고집했다. 오랜 묵언수행에서 방금 풀려나기라도 한 듯 쉴 새 없이 말을 붙여오는 기사들 때문이었다. 작가답지 못하게도, 낯선 이와의 돌발적 대화보다 익숙한 침묵 속으로 온몸을 말아 넣는 인간이었다, 나는.

 외국이라고 갑자기 택시가 편해질 리 없었다. 내리는 순간까지 떨칠 수 없던 불안. 목적지를 제대로 알아듣기는 했을까? 엉뚱한 길로 가고 있는 건 아닐까? 터무니없는 요금을 내놓으라면 어쩌나? 잠수함 속 토끼처럼 점점 희박해지는 공기를 연신 들이켤밖에. 여권과 지갑을 소매치기당하고 허둥지둥 경찰서로 향하던 길이라면 더 말해 무엇할까.

20년 가까이 지났지만 누군가 슬쩍 어깨를 부딪쳐 오던 감각이 루브르박물관, 여섯 글자만큼이나 생생히 남아 있다. 〈메두사호의 뗏목〉. 제목부터 불길했다. 비극적 실화를 사실적으로 재현한 걸작 앞에서 벌어진 입을 다물지 못한 건 나만이 아니었다. 싸한 느낌에 확인해보니 왼쪽 어깨에 메고 있던 크로스백 역시 주둥이를 한껏 벌리고 있었다.

루브르에 걸맞은 예술적 솜씨라니.

지갑 속에 든 현금이라야 루브르박물관 입장권도 못 살 액수라 미안할 지경이었지만 여권은 얘기가 달랐다. 다음 날 새벽 런던으로 건너가는 패키지여행에서 혼자 떨궈질 처지였다. 임시 여권을 신청하려면 폴리스 리포트가 필요했는데 경찰서는 어디 붙어 있는지 알 수가 없고 어찌어찌 찾아가더라도 소매치기당한 스토리를 설명할 자신은 또 없어서, 한마디로 혼란 그 자체랄까. 터지지 않던 국제전화(지갑에는 신용카드가 들어 있었다)에, 심장까지 땀방울이 맺히는 날씨에, 꽉 막혀 옴짝달싹 못 하는 도로에, 다급한 손짓발짓 앞에서 느긋한 침묵으로 응수하는 기사에,

겨우 도착해보니 문이 굳게 닫힌 영사관(하필 공휴일이었다)까지 어느 하나 빠지는 구석이 없었다. 당시 유행하던 이국풍 소설의 배경으로 써먹기에.

문제의 그림 속 인물들처럼 망망대해를 표류한 반나절은 결국 소설의 액자를 두르고 세상에 나갔다. 그런데 소설 같던 실화가 막상 활자로 옷을 바꿔 입으니 영 생기가 없었다. 김빠진 맥주처럼.

임시 여권에 붙은 증명사진이 차라리 소설적이었다. 프레임을 부수고 나올 듯 꽉 들어찬 얼굴, 카메라를 비스듬히 노려보며 치뜬 눈, 턱선이 각지도록 앙다문 입매. 머그샷이 따로 없었다. 소매치기 피해자라기보다 소매치기 현장에서 붙들려 온 사람의 얼굴이 거기 있었다.

나도 모르던 내 얼굴. 구천을 떠도는 귀신 같은 얼굴 하나 건지겠다고 얼마나 좌충우돌했던가.

영혼이 탈탈 털린 몸뚱이가 쓰러지기 일보 직전 찾아든 곳은 낯선 지하철역 한 귀퉁이에 있던 즉석 사진 부스였다. 지나가는 행인을 붙들고 지폐를 동전으로 바꾼 뒤, 선택 버튼을 잘못 눌러 여러 장을 날린 끝에 간신히 손에 쥔 얼굴. 그때 그 이국에서 느낀 단절감과 고립감이 소설에서는 왜 살아나지 않았을까.

경험담이 빠지기 쉬운 함정을 피하려고 안전장치를 몇 겹이나 달았는데. 편한 1인칭 관광객 시점 대신 3인칭 주인공으로 내세운 여행사 가이드, 완전히 지어낸 삶으로 그 인물의 머리끝부터 발끝까지 꼭꼭 채워 넣었는데. 뭐가 부족했을까?

책을 몇 권 더 내고도 얻지 못한 답은 또 다른 외국 택시에 숨어 있었다. 이번에는 일본 오키나와였다. 숙소를 옮기는 날이었던가. 눈길만 스쳐도 스미마셴, 하고 이마를 숙일 것같이 수줍은 인상의 중년 사내. 그는 알아서 캐리어를 트렁크에 척척 실어주고 어설픈 영어와 함께 건넨 약도를 꼼꼼히 들여다보더니 조용히 고개를 끄덕였다.
 상상도 못 했다. 그런 사내가 자국어로 태연스레 말을 걸어올 줄은.
 서너 차례 방문을 통틀어 일본인이 먼저 말을 붙여오는 일 자체가 처음이었다. 엘리베이터 문이 열리면 시선이 마주치는 실례를 저지를까 봐 황급히 눈을 내리까는 사람들이었는데.
 택시 기사들이란 어쩔 수 없는 걸까.
 이쪽에서 대꾸가 있거나 말거나 사내는 말을 멈추지 않

왔다. 여전히 일본말이었다.

운전석 쪽으로 점점 몸이 기울어지던 내가 겨우 알아들은 단어는 도쿄와 오사카 정도였다.

대체 뭐라고 한 걸까?

목적지에 무사히 도착하고 택시가 시야 너머로 사라진 뒤에도 궁금증은 여전했다. 아니, 궁금증은 오히려 더 커졌다.

질문이 무엇에서 왜로 바뀐 건 여정을 마치고 인천공항에 내릴 즈음이었다.

외국인임을 뻔히 알면서 왜 일본어였을까? 한두 마디도 아니고 목적지까지 달리는 내내.

혼잣말이 아닌 건 분명했다. 내 쪽을 건너다보는 룸미러 속 눈빛은 침착했고, 목소리는 속 깊은 말을 길어 올리듯 진지했다.

알아듣지 못할 상대, 다시는 볼 일이 없는 상대라서?

물음표는 택시가 출발하던 자리로 돌아갔지만 그때와 전혀 다른 질문이 되어 있었다.

다시 볼 일도 없고 알아듣지도 못할 상대에게만 내비칠 수 있는 사연이란 뭘까?

빈칸으로 남은 목소리에 나는 자음과 모음을 하나하나

입혀나갔다. 내가 같은 언어를 쓰는 사람이었다면 사내는 평소처럼 묵묵히 운전에만 집중했으리라 확신하며. 어쩌면 사람들은 국적과 상관없이 혼자만의 고유한 모국어를 갖고 있지 않을까 생각하며. 어리둥절하기만 하던 택시 뒷자리로 돌아가 귓속 가장 깊은 곳에 자리한 번역기를 돌려보는 것이었다.

아는 게 아니라 알고 싶은 것 앞에서 펜을 쥘 때만 돌아가기 시작하는 번역기. 알아듣지 못할 언어로 슬쩍 건네진 이야기가 나만의 소설적 언어로 번역되는 동안 머리꼭지가 기분 좋게 서늘해졌다. 갓 내린 생맥주를 부드러운 거품과 함께 들이켤 때처럼.

나는 상상하기 시작했다. 낯선 승객에게 알아듣지 못할 언어로 어떤 비밀을 털어놓는 택시 기사를.

상상 속에서 경험의 구조는 재배치되었다.

인천공항에서 외국인 승객을 태운 택시 기사가 있다. 일본인인 줄 안 그 승객은 사실 한국 사람이다.

첫 문장은 고민의 여지가 없었다.

"무엇 때문인지 사람들은 나를 일본 사람으로 착각하곤 한다."

파리 소매치기 경험담이 김빠진 맥주가 된 건 그 '번역'

의 과정을 거치지 못해서인지 모른다.

왜 하필 나야!

즉석 사진 속 얼굴은 소리 없이 외치고 있었다. 메두사의 얼굴을 정면으로 맞닥뜨리고 돌이 되어버린 사람처럼 스스로의 시선에 갇힌 채로. 제대로 된 작가라면 우연히 맞닥뜨린 불운 속에서도 번역기를 돌려야 했다. 같이 허둥거리며 그날 동선을 함께했던 가이드의 마음, 문 닫힌 영사관 앞에 몇 시간이고 혼자 기다려야 했던 아내의 마음, 소매치기를 당하지 않았다면 만나지 못했을 사람들, 그날 무의미한 소음처럼 내 귀를 스쳐 간 수많은 외국어. 그 모든 것의 의미를 제대로 번역해보아야 했다.

안다는 사실보다 다 안다는 생각이 걸림돌이 되는 법이다. 도무지 이해되지 않는 무언가를 어떻게든 이해해보려는 노력이 소설 쓰기라면. 이해한다는 건 그 영어 단어의 만듦새 그대로 목적어보다 낮은(under) 곳에 서보는(stand) 일이니. 우리가 소설적 진실이라 직감하는 대목은 어떤 믿음이나 확신에 번쩍 금이 가는 순간과 포개지기 마련이니.

파리와 오키나와에서의 일을 바탕으로 쓴 소설은 「혁명기념일」과 「양들의 역사」다. 두 단편은 각각 소설집 『신에게는 손자가 없다』(창비, 2011)와 『내 여자친구의 아버지들』(문학동네, 2019)에 수록되어 있다.

분노도 연민도 없이

 어느 미국 출판사 편집자가 내게 좋아하는 미국 소설가가 있느냐고 물은 적이 있다.

 필립 로스라고 답하자 편집자가 고개를 끄덕이며 한마디했다.

 "더 킹 오브 노블스."

 나도 그에게 물었다. 그럼 소설의 퀸은 누구냐고.

 물으면서도 내 마음속엔 이름이 하나 있었다. 다른 이름으로 대체할 수 없는 이름이.

 "토니 모리슨."

 미국 편집자가 주저 없이 댄 바로 그 이름.

 기분 좋은 우연의 일치였지만 그리 놀랄 일은 아니었다.

 토니 모리슨이 내게 소설의 퀸이 된 것은 『빌러비드』를 읽고 나서였다.

노예제가 아직 서슬 퍼렇던 1856년 미국. 도망쳤다 잡힌 한 여자 노예의 재판이 온 나라를 뒤흔들었다. 살인죄로 기소할 것인가 말 것인가. 붙잡힐 당시 두 살배기 딸을 죽이지만 않았다면 재판은 간단했을 테다. 도망노예법에 따라 잃어버린 '재산'을 주인에게 돌려보내면 그만. 딸이 노예의 삶을 대물림하느니 자기 손으로 죽이는 쪽을 택한 그녀는 자유의지를 가진 한 명의 인간으로 재판받기를 원했다. 그러나 재판부는 끝내 그녀를 '살인자'로 인정해주지 않고 누군가의 재산으로 돌려보냈다.

토니 모리슨은 이 믿기지 않는 실화를 바탕으로 『빌러비드』를 썼다. 그 사건에 대한 상세한 조사는 일부러 하지 않았다. 현실을 그대로 재현하는 건 토니 모리슨의 관심사가 아니었기 때문이다.

그리스비극의 구조를 다룬 책 『시학』에서 아리스토텔레스는 말했다.

"역사가와 시인의 진정한 차이는, 역사가는 이미 일어난 일을 말하고 시인은 앞으로 일어날 수 있는 일을 말하는 데 있다."

『빌러비드』를 읽은 나는 여기에 한마디 덧붙이고 싶다.

위대한 시인(작가)은 이미 일어난 일을 말할 때조차 앞으로 몇 번이고 다시 일어날 수 있는 일로 말한다.

노예제가 사라진 지 160년, 노예의 삶을 물려주지 않으려 자식을 죽여야 하는 그 참혹한 마음도 사라졌을까. 재물이 아니라 사람이라는 자명한 사실을 인정받으려 살인죄로 처벌받고자 하는 처절한 아이러니도 사라졌을까.

토니 모리슨은 『빌러비드』 작가 후기에 썼다.

어떻게든 잊으려는 초인적인 노력이 어떻게든 끈질기게 살아남으려는 기억에 의해 위협받기도 하는 삶이 어떤 것인지 설득력 있게 전달하고 싶었다고.

몇 번을 다시 읽어도 매번 경탄하게 된다. 자신이 무엇을 말하려 했는지 이토록 정확히 표현할 수 있다니. 좋은 소설은 작가 자신조차 어떤 이야기를 하고 있는지 모른 채 써 내려갈 때 나온다는 말은 반절만 맞을 것이다. 이야기가 계획된 항로를 벗어나 지도에도 나오지 않는 어딘가로 떠밀려 가는 동안에도 어떤 작가들은 방향타를 단단히 움켜쥔다. 예정된 해변에 도달하는 걸 변덕스러운 바다가 순순히 허락지 않는다는 사실을 모르지 않지만, 그 불가능성마저 설득력 있게 그려낸다.

『휴먼 스테인』을 쓸 때 필립 로스도 그랬을 것이다.

미 서부의 어느 대학 교수 얘기다. 학기가 시작하고 다섯 주 연속 결석하는 학생이 둘 있다. 교수는 그들이 누구인지 아는 바가 전혀 없다. 다음 수업에도 나타나지 않자 이렇게 말한다. 그날이 다 가기도 전 인종차별 혐의로 대학 당국에 고발당하리라곤 상상도 못 한 채.

"이 두 학생에 대해 알고 있는 사람 없나요? 이 학생들이 실제로 존재하기는 하는 건가요, 아니면 유령들spooks인가요?"

불운하게도 spook라는 단어에는 비속어로 검둥이라는 뜻도 있었다. 역시 불운하게도 수업에 계속 빠진 두 학생은 흑인이었다. 또다시 불운하게도 교수는 백인이었다. 그리고 다시 한번 불운하게도 교수는 밝은 피부색을 갖고 태어난 흑인이었다. 아니, 마지막 불운은 행운이었을까. 흑인임을 고백했다 잃어버린 첫사랑. 그 후로 백인이라는 오해를 굳이 바로잡지 않고 살아온 비밀에 삶은 예기치 못한 시험지를 내밀었다. 인종차별 혐의를 벗기 위해 백인 행세를 한 흑인이라고 고백할 것인가. 비밀을 지키기 위해 인종차별자로 낙인찍힐 것인가.

너무 소설 같은 상황이라고?

진짜 소설 같은 상황은 이런 것 아닐까.

아리스토텔레스는 플라톤을 스승으로 삼았다. 플라톤의 스승은 알다시피 소크라테스다. 소크라테스에게 배운 플라톤에게 배운 그 아리스토텔레스는 마케도니아 왕자를 일대일로 가르쳤다. 훗날 알렉산더대왕이라 불리게 될 소년을.

진짜다. 역사적 사실이다. 지나치게 작위적이어서 다시는 일어날 것 같지 않은 역사적 사실.

우리는 160년 전 흑인 노예도 아니고 1990년대 미국 서부 대학의 가짜 백인 교수도 아니지만, 그들에게 닥친 불운을 남의 일로 밀쳐내지 못한다. 지켜내기 위해 파괴하고 파괴하기 위해 지켜내는 모순. 그 삶의 형식이 무작위로 선택한 인간을 악기 삼아 내지르는 불협화음에서 자유로울 개인은 없을 것이기에.

두 소설이 허구이면서 진짜보다 더 진짜 같은 이유도 여기 있을 거다.

소크라테스부터 알렉산더대왕까지 이어지는 사실의 사슬에는 질문이 없다. 그러나 삶의 자기모순적 형식을 모방하는 이야기는 우리에게 질문을 던진다. 진정 견디기 힘든 고통은 삶의 내용이 아니라 삶의 형식에서 오는 게 아니냐고. 역설과 아이러니로 가득한 삶의 형식이 고통의 근원 아니냐고.

토니 모리슨은 〈뉴욕 타임스〉 인터뷰에서 말했다.

"이 소설은 노예제에 관한 것이 아닙니다. 노예제는 매우 예측 가능합니다. 그런 제도가 있고 그것에 관한 이런저런 사실들이 있고. 그다음에는 거기서 벗어나거나 벗어나지 않거나 할 뿐입니다. 노예제만으로는 이런 소설이 나올 수 없습니다. 이 소설은 어떤 사람들의 내면적 삶에 대한 것입니다. 소수의 사람들이고, 그 사람들이 하는 모든 행동들은 노예제에 대한 공포로 가득 차 있지만, 그럼에도 불구하고 그들 역시 사람일 뿐입니다."

역사가와 시인의 차이는 이렇게도 말할 수 있을지 모르겠다.

역사가가 예측 가능한 사건에 관해 말한다면 시인은 예측 불가능한 사람에 관해 말한다고. 그 예측 불가능성은 삶의 내용이 아니라 형식에서 온다고.

베이비 석스가 신시내티로 가기로 결심한 까닭은 노예 생활이 그녀의 '다리와 등, 머리, 눈, 손, 신장, 자궁 그리고 혀까지 망가뜨려놓았기 때문에' 먹고살 수 있는 수단이 심장 말고는 아무것도 남아 있지 않아서였다. 그녀는 당장 심장이

하는 일에 착수했다. 어떤 명예로운 호칭도 이름 앞에 붙이길 거부하고 이름 뒤에 소박한 포옹만을 허락하며 교회 없는 목사가 되었다. 그녀는 신도들을 직접 방문하고 자신의 넓은 심장을 활짝 열어 그들이 마음껏 쓸 수 있게 했다. 겨울과 가을에는 아프리카감리교회와 침례교회, 성결교회, 축성교회, 구원자와 구원받은 자의 교회로 심장을 가지고 갔다. 서품도 사제복도 없고, 성유도 바르지 않았지만, 그녀는 사람들 앞에서 자신의 위대한 심장을 고동치게 했다.[8]

『빌러비드』를 쓰는 동안 토니 모리슨은 해부학자가 된 것 같다. 내면의 삶을 낱낱이 파헤쳐 고동치는 문장으로 표현해낼 줄 아는.

〈뉴욕 타임스〉 인터뷰에서 토니 모리슨은 이런 말도 했다.

"글로 쓰기엔 분노는 너무 시시하고 연민은 너무 질척거리는 감정입니다."

역시 삶의 형식을 정확히 모방할 줄 아는 작가만이 할 수 있는 말이다.

아무래도 토니 모리슨과 필립 로스를 읽은 뒤부터인 것 같다. 그런 소설을 쓰는 게 설득력 있지만 불가능해 보이는 목표가 된 것은.

    정확한 소설을 쓰는 것. 분노도 연민도 없이.

    삶의 구조를 정확히 모방하는 소설을 쓰는 것. 분노나 연민에 사로잡히지 않고.

*

    어느덧 10년도 더 지난 얘기가 되고 말았다.

    필립 로스는 2018년 생을 마감했고, 토니 모리슨은 그 이듬해 세상을 떠났다.

    소설 한 편 완성하는 것조차 힘겨워진 나는 이제 목표를 좀 낮춰 잡는다.

    정확한 소설 근처에도 갈 수 없다면 분노라도 정확하고 연민이라도 정확하기를.

    정확한 분노, 정확한 연민.

    분노하되 시시하지 않고 연민하되 질척거리지 않기를.

    이마저 힘에 부치는 날이 오더라도.

    다만, 분노와 연민이 나의 펜 끝에 킹과 퀸처럼 나란히 임하기를.

창의적 공기

 내가 몸담고 있는 예술 학교는 '큰 대大' 자가 빠진 이름답게 대학수학능력시험 성적을 입시에 반영하지 않는다. 한때는 자체 출제한 필답 고사로 신입생을 뽑았다. 미술, 영화, 연극, 문학 분야 교수들이 일주일 꼬박 호텔 합숙 생활을 하며 예술종합인지 종합예술인지 모를 문제를 쥐어짜내야 했다.

 창의적 사고능력 평가.

 부임 첫해부터 출제위원으로 불려 간 내겐 시험 이름부터 풀어야 할 문제 같았다. 창의성과 사고능력이 나란히 올 수 있나? 객관식 문제로 창의성을 어떻게 평가한단 말인가? 그나저나 창의성이란 대체 뭘까?

 호텔방에 갇혀 지내는 일과는 힘들지 않았다. 골방에

틀어박혀 있는 머리 없는 머리 다 쥐어짜내는 일이라면 집에서도 매일같이 하는 짓이었다. '방해하지 마시오' 팻말을 손잡이에 걸어두고 세상을 완벽하게 등진 채 읽고 싶은 책만 읽고 쓰고 싶은 글만 쓴다면 천국이 따로 없었을 텐데. 그러니까 일과표에 출제 회의만 없었다면.

거의 온종일 머물던 호텔 객실보다 하루에 한두 번 모이던 회의실이 더 또렷이 기억나는 이유는 뭘까.

두꺼운 암막 커튼이 처진 창문, 담배꽁초가 수북이 쌓인 재떨이, 테이블 가득 널려 있는 책과 암호문 같은 낙서들. 해마다 출제위원들이 바뀌고 묵는 호텔이 달라져도 출제 회의실 풍경은 늘 비슷했다. 전시 작전사령부처럼 밀폐된 그곳에서는 문밖으로 새어 나갈까 목소리조차 크게 낼 수 없었다.

빛도 안 드는 밀실에서 한껏 목소리를 낮춰 나누는 얘기들이란 사실 누가 들어도 그만인 말이 대부분이었다. 저녁 메뉴는 뭐냐, 어젯밤에는 몇 시까지 마셨냐, 해장에는 뭐가 좋냐, 오늘이 무슨 요일이냐. 호텔에 도착하자마자 휴대폰을 압수당하고 24시간도 안 지나 현실감이 희박해지곤 했다. 커피 냄새, 담배 냄새, 술 냄새, 이 모든 냄새를 지우려고 뿌린 방향제 냄새까지 어우러진 텁텁한 공기만이 우리가 왜 여기 모여 있는지 일깨워주었다. 어쩌면 출제위원들이 끝없이 수다를 떤 이유도 거기 있었는지 모르겠다. 창의적 사고능력을 평가할 창의적 문제를 내야 한다는 중압감을 견디지 못해서.

"제작사가 어음을 못 막는 바람에 말을 더 구할 수 없었어요. 그래도 신에게는 아직 세 필의 말이 있사옵니다, 하며 진행하는 수밖에. 촬영 내내 흙먼지를 피우면서 기병은 클로즈업으로만 찍어서 이어 붙였죠. 휘날리는 갈기며 대지를 박차는 말발굽이며 한 마리, 한 마리 익스트림 클로즈업으로만 담다 어느 순간 세 마리 전부 프레임 안에 들어오니 가슴이 웅장해지는 거예요. 조조의 백만 대군이 스크린에서 부활하는 느낌이었달까."

영화 하는 교수가 말했다. 출제 수당 얘기를 하다 나온 무용담이었다.

"말이 뭐 필요해요. 전령이 숨이 턱에 차도록 달려와 이렇게 외치기만 하면 충분할걸. '장군, 제가 언덕 위에서 망을 보며 버남 쪽을 주시하고 있었는데 숲이 움직였습니다.'"

연극 하는 교수가 곧바로 응수했다.

"「리어왕」인가요?"

"「맥베스」예요. 맥베스를 치러 오는 병사들이 나뭇가지를 앞에 들고 숲으로 위장하거든요."

"백만 대군을 숲이라는 대사 하나로 퉁쳐버리다니 극작가들은 참 좋겠어요."

"아무나 그럴 수 있나요. 셰익스피어나 가능하지."

연극 하는 교수의 말에 영화 하는 교수가 불쑥 화제를 돌렸다.

"셰익스피어가 한 사람이 아니라는 소리가 있던데. 여러 사람이 머리를 맞대고 쓴 글을 메인작가 이름으로 발표한 거라고. 어떻게 그 많은 작품을 태작 하나 없이 혼자서 써내요?"

"4대 비극을 다 읽으면 그런 말 못 하죠. 주인공들이 하나같이 실존적 불안에 사로잡혀 스스로 파국을 맞이하는 게 한 사람의 내면처럼 느껴지거든요."

"「베니스의 상인」 같은 작품은 전혀 다르던데. 히치콕이 전생에 쓴 것처럼 반전이 쫄깃하잖아요."

"그건 희극이니까요."

"아무리 장르가 달라져도 창작자 고유의 '쪼'라는 게 있는 법인데. 참, 소설가 선생 영문과 나왔죠? 어떻게 생각해요?"

영화 하는 교수가 갑자기 나를 쳐다보며 물었다.

올 게 오고야 말았다. 셰익스피어 원전 강독 수업 내내 번역판에 얼굴을 묻고 있던 내게.

"실존 인물이 아닐지 몰라요. 맥베스가 왕을 암살하는 장면의 대사를 보세요. '이제부턴 밤잠을 이루지 못하리. 맥베스는 잠을 죽였으니.' 왕이 아니라 잠을 죽이다니. 결혼도 하고 애도 셋이나 두고 쉰 넘게 산 사람이 쓸 만한 대사가 아니에요."

내가 끝까지 읽은 셰익스피어 작품은 사실 「맥베스」밖에 없었다.

"셰익스피어 부인 이름이 앤 해서웨이인 거 알아요?"

미술 하는 교수가 끼어들었다.

"그 영화 봤어요? 앤 해서웨이가 샬럿 브론테로 나오는 거."

영화 하는 교수의 말에 미술 하는 교수가 고개를 갸웃거리며 되물었다.

"〈비커밍 제인〉 말이죠? 그거 샬럿 브론테가 아니라 제인 오스틴이에요. 주인공이 제인 오스틴인지 제인 오스틴 소설에 나오는 인물인지 모를 만큼 절묘하게 만들었더라고요."

"영화 〈오만과 편견〉은 뻔한 로맨스물로 각색했던데. 원작의 심리 묘사를 제대로 살리지 못하고."

영화 하는 교수가 잠시 사이를 뒀다 내게 물었다.

"소설가 선생은 어때요? 본인 소설을 영화나 연극으로 각색할 때 어느 선까지 바꿔도 돼요?"

"글쎄요. 제 소설은 죄다 각색하기 힘든 것들이라서요."

"각색하기 힘든 소설은 어떤 소설이에요?"

미술 하는 교수가 진지한 얼굴로 물었다.

"계약만 하고 엎어지는 소설들이겠죠. 제가 그렇거든요."

각색에 대한 갑론을박이 한참 더 오갔지만 일일이 다 적을 필요는 없을 것이다.

달랑 말 세 마리로 삼국지를 찍어야 했던 일화에서 출발한 잡담 끝에 우리는 소설 지문을 연극과 영화로 각색하는 과정을 상상해봐야 답에 접근할 수 있는 문제를 만들어냈다. 이미지나 대사로 표현하기 어려운 내면 묘사를 예시문으로 고른 사람은 연극 하는 교수였나 영화 하는 교수였나 소설 쓰는 교수였나. 그게 뭐 대수인가. 우리는 모두 수많은 이야기가 잠시 머물다 떠나는 간이역에 불과한데. 맥베스의 탄식대로 "걸어 다니는 그림자, 무대에 나와 뽐내며 걷고 안달하며 시간을 보내다 사라지는 서툰 배우"에 지나지 않는데.

창의성이 뭔지는 여전히 잘 모르겠지만 '방해하지 마시오' 팻말을 걸어둔 방 안에 있지 않다는 건 분명히 말할 수 있다. 창의성은 독백이 아닌 대화에서 나온다. 무의미해 보이는 잡담에서. 이질적인 잡담들이 뒤섞이는 나른하게 달아오른 공기 속에서.

그 나른한 열기에 기대 맥베스의 유명한 독백("인생은 소음과 분노로 가득 찬 바보들의 이야기. 아무런 의미도 없는")을 내 언어로 각색해본다.

인생은 잡담과 잡담으로 가득 찬 바보들의 이야기. 어떤 의미든 될 수 있는.

사전에 없는 단어만 있는 사전

 문장력의 한계를 절감할 때마다 나는 애먼 모국어를 탓한다. 우리말은 형용사나 부사만 많고 동사가 턱없이 부족하다고. 한국 소설이 묘사에 강한 이유도, 서사를 중시하는 내 글이 뭔가 부족해 보이는 이유도 여기 있을 거라고.
 언젠가 한 시인에게 들은 얘기다.
 "소설을 읽다 '깨달았다'라는 단어가 나오면 좀 그래요. 글에 대한 믿음이 떨어진달까."
 그 시인의 시를 좋아하던 터라 뜨끔했다. 그는 탁구를 칠 때도 고유한 리듬을 만들어낼 줄 아는 사람이었다.
 그런 사람의 말을 허투루 들을 수 있겠는가. 소설은 질문의 양식이라고 잘도 떠들고 다니면서도 정작 '깨달았다'라는 단어를 함부로 써도 되나, 자문해본 적이 없음을 나는 그제야 깨달았다. 깨달은 사람이 더 이상 어떤 질문 속으로 나아갈 수 있겠는가.

'깨달았다'는 동사면서도 서사를 앞으로 나아가게 하지 못하고 공회전시킨다. 이야기는 어딘가에 가닿으려는 의지로 직진한다는 점에서 빛과 같다고 나는 생각한다. 그러기 위해 빛은 어둠을 가로지르며 돌진하고 이야기는 시간을 가로지르며 돌진한다. 돌진해야 한다. 어쩌면 불멸을 향해.

깨달았다, 생각했다, 느꼈다, 뇌리를 스쳤다, 떠올랐다.

거죽은 동사지만 알맹이는 형용사나 다름없는 동사들이 있다. 어디 그뿐인가.

문득, 어느새, 나도 모르게, 불현듯, 뭔가, 이윽고, 왠지, 이내, 알 수 없는, 얼마나 지났을까.

나도 모르게 관성적으로 쓰는 표현들, 대체할 표현을 찾느라 앞으로 나아가지 못하게 만드는 단어들도 셀 수 없다.

*

#묘사블랙홀탈출연습 #서사강화연습

#서사리듬살리기연습

1단계. 서술어에 동사를 최대한 많이 써보자.

2단계. 부사, 형용사를 최소화해보자.

3단계. 접속사 제로에 도전해보자.

4단계. 현재시제로 써보자.

*

그런 사전이 있으면 좋겠다. 국어사전에 없는 단어들만 모아놓은 국어사전.

국어사전이 성에 안 차기는 미국 소설가 포크너도 마찬가지였나 보다.

그의 대표작 중 하나인 『내가 죽어 누워 있을 때』에는 이런 대목이 있다.

> 말이란 전혀 쓸모없다는 사실도 그때 깨닫게 되었다. 말하려고 하는 내용과 내뱉어진 말이 전혀 맞지 않는다는 사실을. 캐시가 태어났을 때, 모성이란 말은, 그 단어를 필요로 하는 누군가에 의해 인위적으로 만들어졌음을 알게 되었다. 아이

를 가진 엄마는 그런 단어가 있든 없든 상관이 없기 때문이다. 공포라는 말도 공포를 단 한 번도 느껴본 적이 없는 사람이 만들어낸 것이다. 자존심이란 말도 마찬가지로 자존심이 없는 사람이 만들어낸 것이고.

(…) 그도 단어를 가지고 있었다. 사랑, 그는 이것을 사랑이라고 불렀다. 그러나 오랫동안 단어들에 익숙해져 있었기 때문에 사랑이란 단어 역시 다른 말과 마찬가지임을 알고 있었다. 그저 빈 곳을 메우기 위한 형태일 뿐이라는 사실을. 그리고 일정한 시간이 지나면 자존심이나 공포라는 단어만큼이나, 사랑이란 말도 전혀 쓸모없게 될 것을 말이다.[9]

실제로 포크너는 공백이나 도형으로 단어를 대체함으로써 죽은 단어에 대한 경종을 울렸다. 그런 포크너였기에 말할 수 있었던가. 헤밍웨이는 사전에 없는 단어를 쓸 용기가 없는 사람이라고.

한 편의 소설을 만드는 과정은 빈 곳을 메울 단어를 발명하는 일인지도 모른다. 주인공 이름부터 그가 느끼는 정체 모를 감정의 이름까지. 작명에 센스가 있다고 소설을 반드시 잘 쓰는 건 아닐 테지만, 좋은 작가는 대체로 훌륭한 작명가일 것이다.

사전에 없는 단어를 만들어 쓰려면 얼마나 커다란 용기가 필요할까. 용기라는 말도 용기가 부족한 사람이 만들어낸 단어일까.

사전에 없는 단어를 발명하지 않고도「더 킬러스」같은 소설을 쓸 수 있었던 헤밍웨이는 용기가 없는 사람이 아니라 운이 좋은 사람이었는지 모른다. 굳이 용기를 낼 필요도 없을 만큼 운이 좋았던 사람. 죽은 단어들만으로 생생히 살아 숨 쉬는 문장과 인물을 빚어내는 게 타고난 재능이 아니라면 재능이라는 단어는 무엇을 위해 존재할까. 재능이라는 말 역시 그것이 필요한 누군가 만들어낸 단어일 뿐인가.

"Call me Ishmael."

『모비 딕』의 첫 문장을 보면 멜빌도 헤밍웨이 과였던 것 같다.

'나를 이슈메일로 불러달라'보다는 '내 이름을 이슈메일이라고 해두자'가 더 알맞은 번역일 테다. 아래 문장과 비교해보면 그 이유를 짐작할 수 있다.

My name is Ishmael.

내 이름은 이슈메일이다.

구약과 쿠란에 동시에 등장하는 그 이름은 본명이 아니

라 주인공 스스로 택한 이름일 것이다. 아브라함의 서자로 태어나 아비에게 버림받고 광야를 떠돌아야 했던 인물, 기독교 세계의 이단아이자 알라신의 축복을 받은 이슬람의 선지자로 여겨지는 존재. 세계문학사상 가장 짧고 강렬한 저 첫 문장은 800쪽 가까운 소설 전체를 날카로운 운명의 신호탄처럼 관통한다.

『모비 딕』이 우리 모두가 아는 그 『모비 딕』일 수 있는 이유는 결코 운의 영역에 있지 않다. 멜빌이 운을 타고난 작가였다면 살아생전 그 소설이 그토록 철저히 외면당했겠는가.

첫 문장에 이어지는 문장들의 면면도 운이 좋아 얻어걸린 게 아니었다.

> 입이 근질거려 입꼬리가 일그러질 때, 보슬비 내리는 11월처럼 내 영혼이 을씨년스러워질 때, 관을 파는 가게 앞에서 나도 모르게 걸음이 멈추거나 장례 행렬을 만나 그 행렬 끝에 붙어서 따라갈 때, 특히 우울증이 엄습하는 바람에 거리로 뛰쳐나가 사람들의 모자를 보는 족족 날려 보내지 않으려면 대단한 자제심이 필요할 때—이럴 때면 나는 되도록 빨리 바다로 나가야 할 때가 되었구나 하고 생각한다. 이것이 나에

게는 권총과 총알의 대용물인 셈이다.[10]

사전에 없는 단어를 발명하는 작가가 있다면 세상에 없던 문장을 발명하는 작가도 있을 것이다. 적어도 내겐 멜빌이 그랬다.

정식 문학 교육을 받아본 적 없던 멜빌에게는 고래잡이배 선원으로 누빈 망망대해가 "예일대학이며 하버드대학"이었다. 그는 신중하게 고른 단어들을 우아하게 엮는 방식으로 글을 쓰지 않았다. 그림을 그리듯 문장을 통으로 그려냈다. 처음부터 별이 아니라 별자리를 노래하는 방식으로 세상에 없던 문장을 발명했다.

사전에 있는 단어들만으로 세상에 없던 문장을 발명하려면 무엇이 있어야 할까. 사자 같은 용기? 악마 같은 재능? 멜빌에게는 진실이 있었다. 머리가 아니라 온몸의 감각으로 전해지는 진실. 박제가 아니라 활어 같은 진실.

멜빌을 두고 "진실을 말하는 위대한 기술"을 가진 작가라고 평할 때, 진실이라는 말은 그것이 필요한 누군가 일부러 만들어낸 단어가 아닐 것이다. 진실된 문장을 통으로 뽑아내는 작가에게는 그런 단어가 있든 말든 상관없기 때문이다.

내 문장력의 한계는 모국어의 한계가 아니라 내 진실의 한계일 것이다.

달 위를 걷는 기분

미국과 소련 사이에 냉전이 한창이던 1961년, 소련이 인류 역사상 최초로 유인우주선을 지구궤도에 올리는 데 성공하자 미국은 부랴부랴 항공우주국NASA을 만들고 아폴로 프로젝트에 모든 걸 쏟아부었다. 미국이 무너진 자존심을 일으켜 세울 유일한 길은 소련보다 먼저 달에 발을 딛는 것뿐이었다.

아폴로 계획을 밀어붙인 정치인들이나 군인들에게는 다행스럽게도 달에 왜 가야 하느냐고 따져 묻는 사람이 없었다. 사람들은 걱정하느라 여념이 없었다. 달에 사는 괴물이 우주인들을 잡아먹으면 어쩌나. 우주선이 착륙하면 달이 무너지지 않을까. 달의 세균이 지구에 퍼져 인류가 전멸하는 건 아닐까.

알다시피 닐 암스트롱은 달에 두 발을 딛고도 멀쩡했다. 크레이터에서 괴물이 튀어나오지도 않았고, 발밑이 무너지지도 않았으며, 우주복에 달라붙은 먼지가 폭발하지도 않았다. 덕분에 겸손한 한마디를 남길 수 있었다.

"한 인간에게는 보잘것없는 걸음이지만, 인류에게는 커다란 도약이 될 것입니다."

그러고서 그는 걸음마를 떼는 아기처럼 뒤뚱뒤뚱 달 위를 걷기 시작했다.

아폴로 11호의 성공 이후 다섯 대가 더 달에 다녀왔다. 달착륙선이 2인승이었으니 모두 열두 명이 달을 밟았다는 얘기다.

"달 위를 걷는 기분이 어땠습니까?"

달에 다녀온 그들이 가장 많이 받았던 질문은 너무나 소박했다. 그들을 달에 보냈다 무사히 귀환시키는 데 들어간 천문학적 비용이 무색할 만큼.

암스트롱과 함께 달을 밟은 버즈 올드린은 말했다.

"달 표면에 내렸을 때 나는 전율을 느꼈다. 내겐 발밑에 있는 달 먼지가 커다란 흥밋거리였다. 지구에서 백사장 모래를 차면 어떤 모래는 조금, 또 어떤 모래는 더 많이 날아간다. 그러나 달 먼지는 거의 같은 거리를 날아갔다."

사람들은 아폴로 우주선이 지구에 돌아올 때마다 잊지 않고 물었다.

"그래서 달 위를 걷는 기분이 어땠냐고요?"

다른 우주인들의 대답도 신통치 않기는 마찬가지였다.

사람들은 입맛을 다시며 말했다.

"우주선에 시인이나 철학자를 태웠어야 했어."

아폴로 프로젝트의 본질을 산책이라고 하면 어떨까. 인류 역사상 가장 값비싼 산책. 사람들이 무엇보다 궁금해했던 게 자기 인생에는 있을 것 같지 않은 그 비현실적인 순간의 기분이었다면.

그것은 대체 어떤 기분일까?

우리가 소설을 읽고 쓰는 것 또한 이 물음에 대한 대답을 듣기 위함이 아닌가. 우리가 살아볼 수 없는 삶의 기분을 느껴보는 것.

달 위를 걷는 경험의 철학적 의미를 시적으로 웅변한 것은 우주인들의 말이 아닌 그들의 삶이었다. 달에 다녀온 뒤 어떤 이는 화가가 되었고, 어떤 이는 전도사로 제2의 인생을 시작했고, 또 어떤 이는 정계에 입문해 상원의원 배지를 달았다. 제 발로 정신병원에 들어간 이도 있다. 달에서 무사히 돌아온 그들이지만 이전의 삶으로는 돌아갈 수 없었다.

"지구는 푸르다."

지구 대기권 바깥으로 나간 첫 우주인 유리 가가린은 말했다.

나중에 지구궤도를 넘어 달까지 간 우주인들도 대부분 지구에 대해 얘기했다.

> 저는 진정한 에덴동산은 이 지구 전체라고 생각합니다. 우리는 천국에 살도록 축복받은 존재입니다. 저는 늘 그렇게 생각해왔습니다. 자, 잠시 한번 생각해보세요. 우리는 300년 동안 망원경으로 우주를 살피고 탐사선을 머나먼 우주로 보내고 있는데도, 달 위를 걸으며 바라보던 지구만큼 아름다운 천체는 아직 발견하지 못했습니다. 바로 그 때문에 저는 우주비행을 마치고 돌아오면서 이전과는 다른 사람이 되었던 것입니다.[11]

달 위를 걸은 사람들이 발견한 것은 목숨 걸고 떠나온 고향 별이었다. 무한의 암흑 속에서 신비롭게 빛나는 푸른 구球. 우주인들은 38만 킬로미터를 날아가 자기 자신과 마주했다. 암스트롱과 올드린이 달을 거니는 동안 마이클

콜린스는 홀로 사령선을 지키며 달궤도를 돌았다. 달 뒷면을 지나는 48분, 모든 교신이 끊겼고 콜린스는 이런 메모를 적었다.

"이곳을 아는 존재는 오직 신과 나뿐이다. 완전히 혼자인 이 순간이 두렵지도 외롭지도 않다."

헤밍웨이는 파리를 떠나고 나서야 파리에 대해 쓸 수 있었다던가.

지구 밖으로 나가본 우주인들도 비슷한 얘기를 했다. 지구에서는 지구를 볼 수 없다고.

자기만의 골방에서는 자기 안의 푸른 별을 발견할 수 없다. 신비롭게 빛나는 푸른 지구를 발견하기 위해서는 달이라는 타자로 건너가야 한다. 산책을 완성하는 존재는 산책자가 아니라 산책길 어딘가에서 맞닥뜨리는 또 다른 나이기에.

화가가 된 우주인은 오직 달 탐사와 관련된 이미지만 화폭에 담았다. 달에서 가져온 흙을 물감에 섞어 그렸다는 그림들 속 우주인들은 헬멧에 가려 표정을 볼 수 없다.

그중 하나의 제목은 '달 위를 걷는 것은 바로 이런 느낌'.

꼭 제목 때문이 아니더라도 달 표면이 비친 헬멧 유리

안에 어떤 표정이 담겼을지 짐작할 수 있다.

그러니까 그가 들려준 이런 말 때문이 아니더라도.

"우주정거장에서 59일간 머물고 지구에 돌아온 직후였어요. 한번은 쇼핑센터에서 아이스크림을 먹으며 오가는 사람들을 구경하고 있는데, 왠지 멋지고 두근거리는 거예요. 초현실적이기만 했던 달 여행만큼이나."

59일 동안 우주정거장에 머물다 돌아와 쇼핑센터를 오가는 사람들을 구경하며 아이스크림을 먹는 건 어떤 기분이었을까. 달 여행만큼이나 멋지고 두근거렸다는 그 느낌은.

『코스모스』의 저자 칼 세이건이 아내에게 바칠 헌사를 쓰던 느낌과 비슷하지 않았을까.

"헤아릴 수 없이 넓은 공간과 셀 수 없이 긴 시간 속에서 지구라는 작은 행성과 찰나의 순간을 당신과 함께할 수 있음은 나에게 커다란 기쁨이다."

아폴로 우주선에는 애당초 시인이나 철학자를 태울 필요가 없었는지도 모른다. 38만 킬로미터 어둠을 건너가 자신을 마주한 사람이라면, 그가 누구든 어떤 삶을 살아왔든 시인이나 철학자가 되지 않고는 배기지 못할 테니.

인터내셔널 택시

"소설이 잘 안 써지면 저는 택시를 타곤 합니다. 택시만큼 영감을 주는 공간이 없거든요."

나는 한국말도 못 알아듣는 콜롬비아 사람들 앞에서 떠들고 있었다. 몇 해 전 보고타국제도서전에 주빈국 작가로 초청받아 간 자리였다.

밤낮이 뒤집힌 시차로 백두산 버금가는 고지대를 꿈속의 꿈처럼 헤매는 기분이었지만, 잠꼬대도 허풍도 아니었다. 지갑을 소매치기당한 뒤 임시 여권을 만들려고 허둥지둥 잡아탄 파리 택시, 택시 기사가 일본말로 뭔지 모를 비밀 이야기를 들려주었던 오키나와 택시. 둘 다 소설의 씨앗이 되어준 것은 분명했으니까. 그리고 나를 콜롬비아까지 데려다준 서울의 어느 택시도 있었다.

8년 전 12월쯤으로 기억한다. 연말 모임을 마치고 집에 돌아가는 길이었으니.

종로 어느 거리에서 앱으로 부른 택시가 어딘가 낯설었다. 지붕 등이 노랗게 밝힌 "인터내셔널International"이라는 단어 때문이었다.

외국인만 상대하는 택시인가. 무슨 다국적 택시회사일까. 대학 시절 집회에서 따라 부르던 노래 중에 〈인터내셔널가〉라고 있었는데. 혹시 택시 노조 차량?

택시 기사가 차창을 반쯤 내리고서 내 휴대폰 번호를 읊고서야 택시에 올라탈 수 있었다.

"인천공항에서 외국인 태우는 택시 몰라요?"

인터내셔널 택시가 뭐냐는 질문에 택시 기사가 대답했다. 그러곤 묻지도 않은 말을 이어갔다.

"마침 회사로 들어가는 길이라 콜을 받았지. 오늘은 기자들 태우고 판문점 일대를 종일 돌아다녔네. 독일 신문인지 방송인지, 영어가 딱딱해서 다는 못 알아듣겠더라고."

"독일 기자들이 왜요?"

택시만 타면 활발해지는 직업 정신에 발동이 걸렸다.

"이북 애들이 맨날 미사일 쏘아대잖아. 미국까지 날아

간다는 미사일. 미국은 평양을 선제공격한다 그러지, 동계 올림픽이고 뭐고 이러다 진짜 전쟁 나는 거 아니냐고."

휴전 이후 최악의 북핵 위기, 북한 핵 무력 완성 선언, 안전 우려로 미국 선수단 참가 불투명.

뉴스 헤드라인만 보면 두어 달 앞둔 평창올림픽 개막마저 불투명했지만, 종로 거리는 연말 분위기로 들떠 있었다.

크리스마스를 밝히는 화려한 불빛들이 차창을 스치는 동안 내 안에도 작은 등 하나가 켜졌다.

경험이 일천한 작가에게 과연 택시는 영감을 불러일으키는 공간이었다.

"독일 기자들이 뭐랬는데요?"

나는 운전석 쪽으로 몸을 기울이며 물었다.

"사람들이 너무 태평해. 국경선이 아니라 휴전선이잖아. 그걸 다 까먹고 있다고."

어디까지가 기자들 말이고 어디부터 택시 기사 말인지 알 수 없었지만, 내 머릿속에는 두 캐릭터의 윤곽이 그려지고 있었다.

한반도 전쟁 위기를 취재하러 날아온 외신기자와 그를 태우고 분단의 최전선을 누비는 택시 기사. 1면감 그림은

커녕 가는 곳마다 아무 일 없다는 듯 평화로운 모습에 택시 기사는 점점 초조해지는데…….

기자의 국적이 좀 걸렸다. 분단의 아픔을 겪은 지구상의 또 다른 나라, 독일은 뻔한 설정 같았다.

호주, 뉴질랜드, 태국, 필리핀, 튀르키예, 네덜란드, 그리스, 에티오피아.

6·25 참전국들을 검색하다 콜롬비아가 눈에 들어왔다.

왜 콜롬비아였을까. 그 나라에 대해 아는 거라곤 당나귀가 등장하는 커피 광고와 『백년의 고독』을 쓴 마르케스뿐이었는데.

어쩌면 콜롬비아가 나를 선택했는지도 모른다. 콜롬비아 기자가 등장하는 소설을 발표하고 몇 년 뒤 정말 그곳에 다녀오게 되었다고 하는 말이 아니다. 그 정도는 얘깃거리도 못 될 테니. 지구 반대편에서 나를 기다리고 있던 믿기지 않는 우연에 비하면.

코로나19 팬데믹을 뚫고 보고타국제도서전에 참가한 나는 귀국 전날 일행과 함께 코로나19 검사를 받아야 했다. PCR 검사 결과가 음성이어야 비행기에 탈 수 있었다. 양성인 경우는 상상하기도 싫었다. 말도 안 통하는 곳에 홀로 남아 열흘간 격리되는 그림은.

일행 중에 낙오되는 사람이 나온다면 내가 유력했다. 불운에 당첨될 확률이라면 어려서부터 누구에게도 뒤지지 않았다. 동네 사람들 모두가 먹는 우물물로 혼자 장티푸스에 걸린 사람, 온 가족이 나란히 잠든 방에서 혼자 연탄가스를 마시고 병원 신세를 진 사람. 나는 그런 사람이었다.

검사 요원이 여권을 확인하고 검체 채취용 면봉을 꺼내들 즈음 나는 간절히 기도하고 있었다. 제발 무사히 집에 돌아가게 해달라고.

"아임 어 코리안."

마스크 안쪽에서 새어 나온 목소리가 환청처럼 들려왔다.

내 귀를 의심했다. 아니, 두 눈을 의심했다. 아무리 봐도 검사 요원의 얼굴은 현지에서 본 사람들과 크게 달라 보이지 않았다. 하지만 환청 같은 말은 계속 이어졌다.

"마이 네임 이즈······."

이름이 익숙했다. 뭔가에 홀린 기분이었다.

콜롬비아 기자를 태우고 다닌 소설 속 택시 기사 이름을 듣고도 나는 아무 대꾸도 하지 못했다. 무엇 때문인지 검체 채취가 끝나자마자 도망치듯 자리를 뜨고 말았다.

다음 날 LA를 거쳐 지구 반 바퀴를 날아오는 내내, 지구가 태양을 세 바퀴째 도는 지금도 그때 그 자리로 돌아가는 자신을 발견하곤 한다. 알 수 없는 두려움에 사로잡혀 놓친 그 유니버스에서 나는 소설가답게 묻는다. 낯선 한국인에게 자신의 한국 이름을 영어로 말해주기까지 그와 그의 조상이 온몸으로 써온 그들만의 이야기를.

어떤 날은 이런 말도 건넨다. 나는 소설 쓰는 사람인데 당신 이름이 몇 해 전 쓴 소설에 등장한다고. 콜롬비아 사람이 나오는 소설이라고. 어쩌면 당신을 만나기 위해 그 소설을 썼는지도 모르겠다고. 이 모든 것은 어느 날 내 앞에 멈춰 선 택시 한 대에서 시작되었다고.

콜롬비아 기자가 등장하는 소설은 「돼지가 하는 일」로 소설집 『누군가 나에 대해 말할 때』(문학과지성사, 2022)에 수록되어 있다.

보고타의 원배 씨에게

안녕하세요, 원배 씨.

보고타 여행에서 돌아오고 몇 해가 지나서야 인사를 전합니다.

저는 서울에 살고 있는 김경욱입니다.

저는 원배 씨를 오래도록 잊지 못하겠지만, 원배 씨는 저를 기억도 못 하겠지요. 코로나19 PCR 검사를 위한 대면이 우리 만남의 전부였으니까요.

"아임 어 코리안."

신원확인을 마치고 여권을 돌려주며 원배 씨가 말했죠.

"리얼리?"

반가움과 호기심으로 대화를 이어가는 저를 뒤늦게 상상해보곤 합니다. 현실의 저는 입도 벙긋 못 했기에.

짧은 곱슬머리, 어두운 피부색에 짙은 쌍꺼풀.

그곳이 라틴아메리카임을 환기하는 특징들을 한눈에도 고루 갖춘 원배 씨가 소설의 첫 문장 같은 대사를 던진 순간 저는 왜 다음 문장을 건네지 못했을까요.

검사 결과 양성이 나와 다음 날로 예정된 귀국길에 혼자 낙오하면 어쩌나, 말도 안 통하는 곳에서 격리되는 열흘을 어떻게 버티나, 생사가 달린 것 같은 두려움에 사로잡혀 있었다 해도 이해할 수 없는 일입니다.

'절대 고독'이야말로 걸작의 산실이지. 『백년의 고독』의 나라에서 인생작 한 편 쓰는 거야. 『돈키호테』는 억울한 옥살이에서 탄생했고, 『어린 왕자』는 불시착한 사막에서 물 한 방울 없이 견딘 닷새가 낳았지. 근대문학의 효시 『데카메론』은 아예 페스트에 포위된 사람들이 돌아가며 들려주는 이야기 아닌가.

팬데믹 속에 날아온 보고타국제도서전 초청장 앞에서 망설이던 자신에게 이런 주문까지 걸어놓고, 저는 뭘 그렇게 두려워했던 것일까요.

네. 저는 소설 쓰는 사람입니다.

혹시 원배 씨도 알고 있었나요? 붙임성 없는 저에게도 소설가라는 이유만으로 소설 같은 사연을 털어놓는 사람들이 종종 있거든요. 여권에 직업란이 있어야 가능한 얘기일 테니, 그저 한국 사람을 만난 게 반가워 건넨 인사였을까요? 일정 내내 한국 사람과 우연히라도 스칠 일이 없던 그곳. 한국말 대신 영어로 숨은 뿌리를 내비친 원배 씨만큼이나 보고타는 저에게 상상의 마을 '마콘도'보다 더 머나먼 곳이었지요.

그런데 왜 저였나요? 단체로 출장 검사를 받는 한국인 중에서 왜 하필 저였나요? 제 차례가 첫 번째도 아니었는데. 나중에 물어보니 원배 씨에게 같은 얘기를 들은 사람은 일행 중 저뿐이더군요.

"마이 네임 이즈……."

원배 씨는 제가 결코 잊을 수 없는 이름을 댔지요.

사물의 이름을 잊어버리는 전염병이 마을을 휩쓸었다고 쓴 마술적 리얼리즘의 대가 정도나 상상할 수 있었을까요. 제 소설 속 인물의 이름과 지구 반대편에서 맞닥뜨리는 마술적 상황을.

제 콧구멍에 면봉을 밀어 넣던 콜롬비아 청년은 똑똑히 발음했지요.

이, 원, 배.

콜롬비아 사람이 등장하는 제 소설 속 주인공 이름이

틀림없었어요. 한반도 전쟁 위기 취재차 날아온 콜롬비아 기자를 태우고 판문점 일대를 누비는 택시 기사에게 붙인 이름. 세상에 없는 택시 기사의 얼굴을 가만히 떠올려보는 동안 계시처럼 떠오른 두 글자. 그 익숙한 듯 낯선 이름은 대체 어디에서 온 걸까요.

원배 씨, 미안해요.

뒷북 상상에서처럼 정말이냐고, 콜롬비아에 어떻게 정착하게 되었느냐고 물어주지 못해 미안해요.

"쌩큐 베리 머치."

검사가 끝나자마자 도망치듯 자리를 뜨며 제가 남긴 한마디는 부디 잊어주시기를.

가슴속 이름을 꺼내 보이던 원배 씨의 담담한 표정이 어른거릴 때마다 도망치는 과거의 저를 멈춰 세우고 싶어져요. 뒤늦게 발동한 직업 정신이 상상력을 풀가동할수록 묻지 못한 사연에 대한 궁금증보다 미안함과 부끄러움이 커져만 가요.

소설가이기 전에 한 인간으로서 원배 씨 이야기를 응당 청해 들었어야 했는데. 제 심장이 손가락 한 마디쯤 더 컸더라면 혹시 스페인어 이름이 산체스 아니냐고 농담 아닌 농담을 던질 수도 있었을 텐데. 그 소설 속 콜롬비아 기자에게 지어준 이름이 산체스거든요.

저의 말문을 막아버린 알 수 없는 두려움에 대해 자꾸만 생각하게 돼요.

정말 궁금해요.

왜 하필 저였나요?

원배 씨로 하여금 동명의 인물을 창조한 모국 소설가를 알아보게 만든 건 어떤 힘이었을까요.

제목과 등장인물, 그 인물들이 느끼는 정체 모를 미묘한 감정까지, 소설이란 아직 이름이 없는 것들에 이름을 붙여주는 작업이라 여겼는데 짧은 생각이었나 봐요.

소설이 하는 일은 어딘가 존재하는 이름을 어떻게든 기억해내 불러주는 것인지도 몰라요. 소설이 이름을 불러주었을 때 어떤 존재는 잃어버린 이름을 기억해내는지도 몰라요. 소설과 현실은 마주 보는 거울처럼 서로를 비추고 되비추기에 마술은 더 리얼해지고 현실은 더 마술 같아지는 것 아닐까요.

이것 하나는 확실해요.

앞으로 저에게 보고타는 마르케스의 땅이 아니라 원배 씨가 살고 있는 땅으로 기억될 거예요.

고마워요, 원배 씨. 당신의 이름을 말해줘서.

차오!

안녕히 계세요, 원배 씨.

카프카적인, 너무나 카프카적인

"당신 소설은 카프카적이네요."

십수 년 전 어느 국제문학포럼에 함께 참가한 외국 작가가 내게 말했다.

내 소설에 그려진 한국 사회가 부조리하고 암울해서였을까. 무기력하고 불안해 보이는 인물들 때문이었을까.

"당연하죠. 제 이름에도 K가 두 개 들어가거든요."

나는 썰렁한 농담으로 받아넘기고 말았다. 대화를 더 이어가기에는 영어 실력도 짧았지만, 카프카적인 것에 대해 별로 할 말도 없었던 것 같다. 프라하를 몇 년만 더 일찍 방문했더라면 몇 마디쯤은 더 건넬 수 있었을 텐데. 동유럽의 보석이라는 프라하에서 내게 가장 빛나던 곳은 카프카박물관이었다고.

카프카의 소설만큼이나 어두컴컴하고 미로 같았던 카프카박물관. 그가 남긴 많은 서신 중 가장 카프카적이었던 것은 약혼녀 아버지에게 쓴 엽서였다.

"매일 아침 회사에 출근하는 것이 저에게는 커다란 고통입니다."

영어로 쓰인 해설을 다시 확인해도 그냥 아버지가 아닌 피앙세의 아버지 맞았다. 카프카는 그런 사람이었다. 독신으로 살다 죽었다는 게 놀랄 일이 아닌 사람. 모든 원고를 불태워달라고 유언을 남기는 사람. 천생 이런 첫 문장으로 시작하는 소설을 쓸 수밖에 없는 사람.

"어느 날 아침, 불길한 꿈에서 깨어난 그레고르 잠자는 커다란 벌레가 되어 있는 자신을 발견했다."

그제야 알았다. 「변신」은 출근이 죽기보다 싫었던 카프카가 타자기 앞에서 꾼 악몽이었음을.

일요일 내내 텔레비전 앞에 죽치고 있던 초등학생 시절의 나도 다음 날 아침 학교에 가느니 차라리 커다란 벌레가 되고 싶었다.

"그러다 테레비에 들어가겠다."

아버지의 잔소리는 비유가 아니었다. 내가 정말 텔레비전 속으로 빨려 들어갈까 걱정하는 사람. 그게 내 아버지였다. 그렇지 않고서야 어찌 텔레비전에 자물쇠 채울 생각을 할 수 있었겠는가. 하필이면 가장 좋아하는 만화영화가 나올 시간에. 허겁지겁 방문을 열고 텔레비전 장식장 문에 채워진 자물쇠를 발견한 아이의 심정이 어땠겠는가? 문자 그대로 하늘이 무너지고 땅이 꺼지는 기분이었다. 주인집 안방에도 텔레비전이 있다는 사실을 떠올리기 전까지는.

주인집 아이들 사이에서 두 살 아래 남동생과 나란히 〈톰과 제리〉를 보던 나는 무심코 뒤를 돌아보았다. 등 뒤에서 무섭게 밀려드는 서늘한 기운 때문이었다.

주인집 마루 너머에 아버지가 서 있었다. 손쓸 수 없는 어떤 세계로 넘어가는 자식들을 목격하기라도 한 듯 하얗게 질린 얼굴로.

세상의 모든 텔레비전에 자물쇠를 채울 수 없던 아버지. 철부지 두 아들이 텔레비전 속으로 들어가버릴까 두려워했던 아버지. 아버지는 나와 동생을 툇마루 기둥에 묶어놓는 것으로 이 세상에 붙들어두려 했다. 화단에 물을 줄 때 수도꼭지에 연결해 쓰던 플라스틱 호스로.

언제든 풀어 던질 수 있는 헐거운 플라스틱 호스에 묶인 채 주인집 식구들과 누나들의 웃음을 받아내며 서 있는 것은 수치스러운 일이었다. 속옷 바람으로 집에서 쫓겨나는 편이 차라리 나았다.

진짜 벌은 느슨해진 플라스틱 호스가 급기야 발치에 널브러져버린 뒤부터였다.

"호스가 떨어졌어."

동생이 팔을 꼼지락거리며 말했다.

"나도 알아."

"언제까지 이러고 있어야 해?"

"아버지한테 물어봐."

"아버지는 어디 가셨어?"

"나도 몰라."

아버지는 그 자리를 뜬 지 오래였고 사방이 어둑어둑해지고 있었지만 우리는 여전히 꼼짝도 못 했다. 지켜보는 사람 하나 없는데도 옴짝달싹할 수 없었다. 보이지 않는 쇠사슬에 꽁꽁 묶인 것처럼. 한밤중에 일어나 아버지에게 물을 달라고 했다가 발코니에 속옷 바람으로 서 있어야 했던 카프카처럼.

카프카도 그랬을까. 그 자리를 벗어날 수도, 그대로 서 있을 수도 없는 불안에 수십 년을 시달렸을까. 보이지 않는 무언가에 묶인 기분에서 어떻게든 벗어나기 위해 글을 썼을까.

카프카는 아버지에게 부치지 못한 여러 통의 편지를 남겼다. 맹렬하게 글을 써 내려가던 삼십대 중반에는 이런 편지도 썼다.

> 그 일을 할 때 저는 아버지한테서 벗어나 실제로 어느 정도의 독립을 누릴 수 있었지요. 비록 꼬리 부분이 발에 짓밟힌 채 몸을 빼내려고 머리 부분으로 용을 쓰다가 간신히 조금 옆으로 몸을 옮길 수 있게 된 벌레의 모습이 연상되긴 했지만 말입니다. 글을 쓸 때면 저는 어느 정도 안심이 되었고 안도의 숨을 내쉴 수 있었지요.[12]

나도 아버지에게 편지를 쓰는 마음으로 소설을 쓸 때가 있다. 아버지 생전에 묻지 못한 수많은 질문을 건네는 마음으로.

제 소설을 읽어보신 적은 있나요.

저의 두려움을 아버지도 느끼셨나요.

아버지는 뭐가 그리 두려우셨나요.

그런데 왜 하필 플라스틱 호스였어요.

답장을 받을 길 없는 편지를 쓰고 또 쓴다. 그날 내 몸을 묶은 게 플라스틱 호스가 아니었다면, 눈에 보이지 않는 뭔가에 꽁꽁 묶인 듯 툇마루 기둥에 붙박여 있던 시간이 없었다면 소설가가 되지 못했을지도 모른다고. 카프카적인 소설을 쓴다는 분에 넘치는 말도 듣지 못했을 거라고.

  고맙습니다, 아버지.

  두려움 없는 곳에서 부디 평안하시기를.

짧은 소설

아임 유어

 서른 해 넘게 소설가로 살다 보니 소설 같은 일을 겪을 때도 있지만, 내 신작 발표 소식을 남의 입으로 처음 듣는다는 건 소설에도 못 쓸 설정이다.

 -절필하는 한이 있어도 소설가 소설은 안 쓴다더니? 진작 좀 쓰지 그랬어.

 같은 해 데뷔한 인연으로 문단 말석에서부터 함께 잔뼈가 굵은 동년배 소설가의 카톡이었다. 출간 기념으로 대낮부터 한잔하다 일출을 보자며 장거리 택시를 잡던 호시절은 옛날얘기고, 출간은커녕 지면에서도 서로 이름 구경 못 한 지 좀 됐다.

 -소설가 소설이라고? 내가?
 -멋쩍으면 술이나 사.

나도 모르는 신작이 실렸다는 잡지를 찾아보았다. 뜯지도 않고 쌓아둔 우편물 더미에서 나온 한 계간지 목차에 분명 내 이름 석 자가 있었다. '그분이 오셨다'라는 소설 제목과 함께.

*

"글이 죽어라 안 써질 때는 어떻게 하나요?"
창작 수업 중에 이런 질문을 받으면 준비된 답이 있다.
"터를 바꾸세요."
글자 폰트를 바꿔보라는 말만큼이나 가볍게 툭 던져놓고 학생들 얼굴에서 졸음기가 가실 때쯤 본론을 풀어놓는다.
"전세 기간 2년이 끝나면 무조건 다른 집을 알아봐요. 재계약한 적이 한 번 있는데 갑자기 글이 안 써지더라고요. 그렇게 두 해를 날리고 다시 이사하자마자 문장이 술술 나오는 거 있죠. 그간 지력이 다한 밭과 씨름이라도 한 것처럼."
이야기가 끝났을 때 몇이나 고개를 끄덕였는지는 중요하지 않다. 그런 질문이 또다시 나오지 않으면 그만이다.

내 얘기가 사실이 아니면 또 어떠랴. 영감을 찾는 건 아마추어나 하는 짓이고 프로는 그냥 책상 앞으로 간다지 않나. 내 경우엔 제대로 된 책상이 아니어도 상관없다. 부엌 식탁이든 무릎 위든 노트북을 올려놓을 수만 있으면 어떤 글이라도 쓸 수 있다.

그런 내게 단 한 줄, 단 한 단어도 써지지 않는 때가 올 줄 상상이나 했겠는가.

**

실제로 내가 한 말이었다. 글이 죽어라 안 써지면 터를 바꿔보라고.

그런 질문이 또다시 나오지 않으면 그만이라고? 진심으로 한 얘기를 헛소리처럼 써놓다니.

내 수업을 거쳐 간 누군가 벌인 짓인가?

자취방을 옮겨봐도 아무 소용 없다던 녀석인가? 신춘문예 당선자를 둘이나 배출한 학교 후문 카페로 등교하다 자퇴한 녀석인가?

제목도 거슬렸다. 요즘 어떤 작가가 '그분' 타령을 하나. 가만, 3인칭 소설만 쓰던 녀석인가? 심지어 자신을 1인칭

이 아니라 3인칭으로 말하던 녀석도 있었지. 용의자가 한 트럭이었다.

가르치는 일과 창작을 병행하는 게 힘들지 않느냐고 인터뷰에서 물을 때마다 나는 답하곤 했다.

"가르치기는요. 오히려 제가 많이 배워요. 모두 학생으로 변장하고 온 선생인 걸요."

변장하고 온 선생을 넘어 이젠 선생 이름으로 소설까지 발표하는구나.

당장 출판사로 전화를 걸어 따졌다.

"대체 무슨 말씀이신지…… 투고작들 중에 특별히 선정해 실어드린 건데."

편집자도 황당해하는 눈치였다.

"투고요? 제가요?"

"메일 보내셨잖아요. 오랜만에 그분이 오셨으니 독자들을 꼭 만날 수 있게 해달라고."

얼굴이 뜨거워졌다. 크게 주목받은 기억은 없지만 아무도 내 원고를 찾지 않는 날이 오면 깨끗이 접자, 자존심 하나로 버텨온 나인데. 참, 내가 쓴 메일이 아니지.

"그 메일 좀 볼 수 있을까요?"

"다른 사람 메일을 함부로……."

"제가 보낸 메일이잖아요."

"그럼, 보낸 편지함을 열어보면 될 텐데요."

"제가 안 보냈다니까요."

"어, 그러네요."

편집자도 나만큼이나 혼란스러운 것 같았다.

메일 발송자 계정부터 확인했다. 올 초까지 쓰다 개인정보유출 이슈가 있어 해지한 계정이었다. 그러고 보니 창작 과제도 늘 거기로 받았었다. 역시 변장하고 온 선생이 범인일까.

편집자가 들려준 대목은 약과였다.

"한국문학 명예의 전당인 귀지에 제 글이 실린다면 더할 나위 없는 영광일 것입니다."

지하 암반을 뚫고 들어가는 저자세에 할 말을 잃었지만, 마지막 인사말에는 모욕감마저 느꼈다.

"포스가 함께하기를!"

익명의 강의평가 설문에서 이런 항의를 본 기억이 났다.

"〈스타워즈〉 얘기 좀 그만하시면 안 돼요?"

내가 스타워즈 얘기를 얼마나 했다고. 매력적인 캐릭터의 예로 다스 베이더 몇 번 언급했을 뿐인데. 적어도 다스 베이더 그림을 그려주고 그 밑에 (다스 베이더의 명대사 "I'm Your Father!"를 패러디해) 아빠, 힘내세요! 라고 써준 녀석은 범인이 아니겠지.

어느 순간 나는 다스 베이더처럼 거친 숨을 몰아쉬며 도용당한 계정으로 메일을 쓰고 있는 자신을 발견했다.

푸른 광선 검처럼 냉철하게 타오르는 문장, 한칼에 핵심을 꿰뚫는 문장. 오리지널 작가의 문장을 보여주고 싶었지만 겨우 한 줄 써놓고 장편 원고라도 탈고한 것처럼 기진했다.

너 누구냐? 나한테 왜 이래?

응답이 없었다. 10분도 안 돼 수신해놓고 사흘 동안 감감무소식이라니.

나는 다시 쉭쉭거리며 메일을 썼다. 이번에는 두 줄이었는데 음악으로 표현하자면 이런 테마였다.

빰빰빰 빰빠밤 빰빠밤. 빰빰빰 빰빠밤 빰빠밤.

이번 메일은 일주일이 넘도록 아예 열어보지도 않았다.

"사기네."

친구 부친상에서 만난 고등학교 동기가 내 잔에 소주를 따르며 말했다.

동기는 이혼 전문 변호사였다.

"명예훼손이 아니고?"

"명훼는 명훼의 작위 의도를 원고 측에서 입증해야 해서 쉽지 않아."

"소설 창작 선생의 이름으로 새 소설을 발표한다. 얼마나 작위적인 설정이냐."

"명의만 도용당하고 원고료는 수수 못 한 거지? 사기죄는 그 행위로 말미암아 부당하고 배타적인 이익이 실현되어야 구성요건이 성립되거든."

입금 내역을 확인해보니 원고료가 찍혀 있었다. 그냥 내 글이 맞다고 해버릴까 하는 생각이 2~3초쯤 들 만큼 쏠쏠한 액수였다.

"돈의 흐름은 거짓말 안 하는데. 네가 쓴 거 아냐? 예술가들은 그런다면서. 신이시여, 이것이 진정 제가 만든 작품입니까."

외국계 투자자문 회사에 다니는 동기가 잠자코 있다 한마디했다.

나는 편집자에게 전화해 원고료 반환 의사를 밝혔다. 원고료 건은 경영지원팀 업무라며 편집자는 난색을 표했다.

"근데 그 가짜가 제 계좌번호까지 알려준 거예요?"

"메일에는 없었어요."

"그럼 계좌번호를 어떻게 아셨어요?"

"인세 넣어드리는 통장이요."

작년 한 해 열 몇 권 나갔다고 입금해줬던 게 기억났다.

다음 날 나는 계간지 맨 뒷장에 실린 정기 구독 계좌로 원고료를 반납했다. 잔고는 원래대로 돌려놓았지만 편집자의 마지막 한마디가 계속 남았다.

"이게 다 무슨 일일까요? 이번 작품 재미있게 읽었다는 얘기가 여기저기서 들려오던 참인데."

내가 썼다는 소설을 제대로 읽어보았다.

소설이 안 써지면 이사를 하라고 순진한 작가 지망생들에게 약을 팔던 소설가. 그런 주인공이 하루아침에 한 줄도 못 쓰는 신세가 된다. 현실이 된 거짓말. 흔한 발상이었다. 자기가 떠벌린 가짜 해결책에 진짜로 매달리는 전개겠지. 아니나 다를까 주인공은 이사를 결심한다. 이사를 앞두고 불안하게 울린 아내의 전화. 여기서부터는 예상을 좀 비껴갔다.

"흉사가 있던 집이래."

흉사, 마법의 주문 같은 한마디에 잠들어 있던 상상력

이 깨어나는 소설가.

내 글이라기엔 문체가 너무 무미건조했지만 뒤를 궁금하게 만들며 이야기를 끌어가는 힘이 있었다.

결말도 뻔하지 않았다. 흉사가 있었다고 귀띔해준 경쟁 부동산업자가 갑자기 사실이 아니라고 말을 바꾼 뒤 소설가가 보인 행동은 소설가로서 깊이 공감할 만했다. 진짜 내 얘기인 줄 착각할 만큼.

제법이었다. 다시 읽어보니 편집자의 얘기가 빈말이 아니었다. 조는 척하면서도 내 강의를 한마디도 놓치지 않은 게 분명했다.

소설은 아이러니다. 독자의 예상을 반 발짝씩 앞서가라. 끝까지 읽게 만드는 힘은 솔직함에서 온다.

청출어람. 스카이워커는 다스 베이더의 자식이지만 결국 다스 베이더를 뛰어넘었지. 숱한 신화와 달리 아비를 죽이지 않고도 아비를 뛰어넘었지. 처음부터 이렇게 될 일이었다. 스카이워커에게 제다이의 영예를 물려주는 게 나의 운명이었다.

새 메일이 도착했다는 알림이 떴다. 내 계정, 아니 오래도록 내 것이었지만 이젠 누구의 것인지 모를 계정에서 날아온 답장이었다.

메시지창은 텅 비어 있었다.

"소설을 완성하는 건 작가가 아니라 독자라면서요?"

합평 소설을 백지로 내며 내 말을 되돌려주던 한 녀석이 떠올랐다.

자세히 보니 첨부파일이 하나 있었다.

아임 유어.pdf

나는 블랙홀에 끌려 들어가듯 마우스를 가져갔다.

화면에 모습을 드러낸 건 한 장의 그림이었다.

여기 인용된 소설은 『누군가 나에 대해 말할 때』에 실린 「그분이 오신다」를 수정 발췌한 것이다.

3
예술과 기술

싸우지도 달아나지도 않고

"행복한 집은 비슷비슷한 이유로 행복하지만 불행한 집은 불행의 이유가 저마다 다르다."

『안나 카레니나』의 첫 문장을 빌려 이렇게 말해본다.

글이 잘 써지는 이유는 비슷비슷하지만 글이 안 써지는 이유는 작가마다 다르다.

글이 잘 써지는 데 이유가 필요하다면 그것은 오직 하나뿐일 것이다.

지금 여기가 아닌 또 다른 세계로 건너갈 통로가 잘 작동한다는 것.

소설가 존 치버는 아파트에 살던 인생의 몇 해, 아침마다 정장 차림으로 엘리베이터를 타고 지하실에 내려가 글을 썼다고 한다. 내면 깊숙한 곳에서 들려오는 목소리에

귀 기울여라. 뼛속까지 내려가 써라. 많은 작법서의 가르침을 매일매일의 루틴으로 실천한 셈이다.

책상 앞에 앉기 전 날계란을 하나 깨고 시작한다는 작가 얘기도 들은 적이 있다. 태어나려는 자는 하나의 세계를 깨뜨려야 한다는 『데미안』의 한 구절을 떠올리지 않을 수 없다.

나는 글을 쓰기 전 청소를 한다. 머리카락이 한 올도 보이지 않을 때까지 청소기를 돌리고 책상과 노트북의 손자국을 박박 닦아낸다. 몸과 마음을 정화하기 위해. 아니, 작가의 흔적과 지문이 묻어나지 않는 소설을 쓰기 위해. 이름을 가리면 누가 쓴 건지 짐작도 못 할 소설을 쓰는 것, 그것이 문학적 목표라도 되는 것처럼.

카페처럼 열린 공간에서 글을 쓰지 못하는 것도 당연하다. 보는 눈이 있거나 내 흔적을 남길 수밖에 없는 공간은 안 된다. 내게 소설 쓰기는 완전범죄를 계획하고 실행하는 일과 다르지 않기 때문이다. 궁지에 빠뜨릴 인물을 물색한 다음 고통에 허우적거리는 모습을 가만히 지켜보다 파국의 현장을 말끔히 치우고 떠나는 일련의 과정을 빈틈없이 해내야 한다.

작업을 끝내고 이쪽 세계로 돌아온 뒤에는 아무 일도

없었다는 듯 평범한 일상을 살아내야 한다. 학교에 출근하고 마트에서 장을 보고 보일러 수리 기사를 부르고 화분에 물을 준다. 그 누구도 내가 저쪽 세계에서 하는 일을 눈치채지 못하도록.

저쪽 세계로 건너가는 통로가 열리지 않을 때도 있었다. 아무리 머리카락을 치우고 지문을 싹싹 닦아내도 어떤 계획도 떠오르지 않을 때가 있었다. 그러다 보면 머리카락을 치우고 지문을 닦을 의욕마저 사라지곤 했다.

등단한 지 10년이 훌쩍 지나 책도 낼 만큼 내고 분에 넘치는 상도 몇 개 받고부터였을 것이다. 이쪽 세계의 삶이 안온해질수록 저쪽 세계로 넘어가 감당해야 할 것들로부터 도망치고 싶어졌다. 그런 상태로 쓴 글에는 지문이 덕지덕지 묻어 있기 일쑤였다. 첫 문장부터 유력한 용의자가 떠오르는 글. 일을 저지르기만 하고 뒤처리를 제대로 못 한 글. 범행 수법이 뻔해서 끝까지 읽지 않아도 그만인 글. 그런 글을 쓰고 나면 이쪽 세계로도 온전히 돌아오지 못했다. 온종일 노트북 앞에 죽치고 앉아 있어도 한 줄도 쓰지 못하는 날도 있었다.

이쪽 세계에도 저쪽 세계에도 속하지 못하던 날들, 스타크래프트 게임과 인터넷쇼핑에 빠져 있던 어느 날

1000피스짜리 직소 퍼즐을 충동적으로 주문했다.

고흐의 〈밤의 카페 테라스〉, 그 익숙한 그림을 완성하는 데 몇 날 며칠이 걸릴 줄이야. 요령 같은 건 없었다. 한 번에 한 조각씩 맞춰나가는 수밖에. 이미 맞춘 조각들에 기대어야 겨우 제자리를 찾을 수 있던 한 조각. 어지럽게 흩어진 단서를 하나하나 이어 붙여야 야외 테이블도 카페 손님도 행인도 밤하늘의 별도 윤곽을 드러냈다. 내가 저쪽 세계로 건너가 해온 일을 정반대로 되감아보는 것 같았다. 그것은 어떤 범죄를 계획하고 실행하는 게 아니라 이미 일어난 사건을 탐정의 눈으로 복원해내는 작업에 가까웠다.

퍼즐을 다 맞추고 나서 다시 소설을 쓸 수 있었다. 힘겹게 한 문장을 쓰고 또 한 문장을 쓰고 하는 동안 어느새 저쪽 세계로 건너갈 수 있었다. 이번에는 처음부터 완벽한 그림을 그릴 필요가 없었다. 단서 하나를 찾아내 또 다른 단서로 이어가는 탐정의 마음으로 썼다.

대실 해밋의 『몰타의 매』에서 가장 인상적인 일화는 주인공 사립 탐정이 지나가는 얘기로 들려준 어떤 실종 사건이었다.

성공한 부동산업자로 사랑하는 아내에 두 자녀를 두

고 남부럽지 않은 인생을 살아가고 있던 사내. 그런 사내가 하루아침에 종적을 감춘다. 돈 문제도 애정 문제도 깨끗했다. 탐정은 수소문 끝에 사내를 찾아내 처자식에게도 털어놓지 못한 사연을 듣게 된다.

여느 날과 다름없이 점심을 먹으러 가던 사내의 코앞에 공사장 철골이 떨어진다. 다친 데는 없었지만 시간이 지나도 충격은 가시지 않았다. 성실한 시민이고 자상한 남편이자 좋은 아버지인 자신의 삶이 우연히 떨어진 철골에 끝장날 수 있었다. 공사장을 멀찌감치 피해 다녀도 예전 삶으로 돌아가지 못할 것만 같았다. 모든 걸 뒤로하고 훌쩍 떠난 이유였다. 곳곳을 떠돌던 사내는 어떤 여자를 만나 정착하고 결혼도 했다.

사내는 떠나온 가족에게 죄책감은 없으며 새 삶이 만족스러우니 못 본 척해달라고 부탁한다. 그러나 탐정이 보기에 사내는 철골이 코앞에 떨어지기 전과 크게 다르지 않은 삶을 살고 있는 것 같았다. 감당할 수 없는 스트레스와 맞닥뜨릴 때 우리 뇌는 변연계가 주도권을 틀어쥐고 둘 중 하나를 택한다. fight or flight. 맞서 싸우거나 달아나거나. 그 사내는 전과 똑같은 다른 삶으로 달아난 거였다.

몇 년 전 다시 글이 써지지 않았을 때는 1500피스 퍼즐도 소용없었다. 퍼즐을 반도 못 맞춘 채 마감에 쫓겨 쓴 소설은 이쪽 세계의 내 얘기였다. 도저히 소설이 안 써지는 소설가가 어떻게든 소설을 써보려고 물불 안 가리는 이야기. 이미 벌어진 일을 그냥 받아들이는 편을 택했다고 말해도 될까. 싸우지도 달아나지도 않고. 소설에 담기는 수많은 이야기도 그 둘 사이 어디쯤 놓이지 않을까.

소설이 안 써지는 소설가 얘기로도 모면할 수 없는 막다른 골목을 언젠가 마주할지 모른다. 그때도 나는 퍼즐을 맞추거나 화분에 물을 주거나 청소기를 열심히 돌리는 수밖에 없을 것이다. 1000피스든 1500피스든 퍼즐은 꼭 완성하기 위한 것은 아닐 테니. 니체가 재능에 관해 말한 대로 퍼즐 한 조각의 자리를 찾는 즐거움이 여전히 나와 함께한다면.

재능과 타고난 능력에 대해서만 말하지 말라! 타고난 재능이 거의 없이도 위대해진 여러 사람들의 이름을 들 수도 있다. (…) 그들은 모두 하나의 커다란 전체를 만드는 일을 감행하기 전에, 우선 부분을 완전히 만드는 것을 배우는 숙련된 장인의 성실성을 가지고 있었다; 그들은 부분을 완성하기 위하여 시간을 부여했다. 왜냐하면 그들은 현혹시키는 전체의 효과보다 작은 것, 지엽적인 것을 잘 만드는 일에 더 많은 즐거움을 느꼈기 때문이다. (…) 2페이지를 넘지는 않지만 거기에 포함된 모든 단어가 필연적이라고 할 만큼 명확한 소설을 백 개 이상 습작해보라; 가장 함축적이고 가장 효과적인 일화의 형식을 배울 때까지 매일 일화를 쓰도록 하라. (…) 풍경화가와 의상디자이너처럼 여행하도록 하라. 잘 표현되면 예술적 효과를 줄 수 있는 모든 것을 개개의 학문에서 발췌하도록 하라. 끝으로 인간 행위의 동기에 대해서 잘 생각하고 이 점에서 가르침을 주게 될 어떤 지침도 냉대하지 말고 밤낮으로 이런 것들의 수집가가 돼라.[13]

이야기의 열역학법칙

"원고지 20매짜리만 쓰다 갑자기 80매를 어떻게 써요?"

글쓰기 수업 중에 한 학생이 묻는다. 매주 A4 한 장짜리 쪽글을 써 오는 수업.

"갑자기요? 첫 수업 때 이미 얘기했는데요. 기말 발표 과제는 단편소설이라고."

"단편 하나도 힘든데 장편은 어떻게 쓰세요?"

또 다른 학생의 질문에 나는 얼른 답하지 못한다.

노트북 자판에 두 손을 얹은 채 내 입만 주시하는 학생들에게 난생처음 무턱대고 쓴 소설이 장편이었다고 말할 순 없다. 그게 장편인지 아닌지는 몰랐지만 소설인지 아닌지 알아보려고 무작정 공모에 들이밀었다가 덜컥 마지막 후보까지 올랐다는 얘기도.

도파민은 기대가 충족될 때가 아니라 기대감이 커질 때 분비된다던가. 화살이 과녁을 맞힐 때보다 아슬아슬하게 비껴갈 때. 어떤 의미로 내 데뷔작은 간발의 차로 세상에 나가지 못한 원고지 1000매 남짓한 그 장편인지도 모르겠다.

나는 존재한다, 내가 존재하지 않는 곳에.

포스트모더니즘 열풍이 불던 90년대 초, 아무리 긴 제목이 유행이었대도 제목부터 겉멋이 너무 들어갔다. 무슨 뜻인지도 모를 제목에 소설인지 아닌지도 모를 이야기를 1000매 넘게 써젖힌 무모한 패기라니. 초고에서 군더더기를 날리고 날리다 편집자에게 넘길 게 남아나지 않겠다 싶은 순간 원고를 보냈다던 안톤 체호프라면 상상도 못 했겠지만. 자고 나면 새로운 문예지가 창간되던 버블 시대였기에 가능한 일이었다.

"장편은 1퍼센트의 영감과 99퍼센트의 무모함으로 쓰는 거예요."

내 대답이 다 끝나기도 전에 예기치 못한 질문이 날아온다.

"근데 선생님은 왜 쪽글을 안 써 오세요?"

신입생들이 첫 학기에 듣는 글쓰기 수업. 만 나이로 스물도 안 된 그들과 얘기하다 보면 내가 낯선 미래로 던져진 과거의 유물처럼 느껴질 때가 있다. 내가 등단한 해 태어난 1993년생들과는 도어즈 얘기는 못 해도 장국영 얘기는 할 수 있었지만, 내가 예술 학교에 부임한 해에 태어난 2006년생들과는 장국영 얘기도 밀레니엄버그 얘기도 나눌 수 없다.

말문이 막힌 나는 손목에 찬 시계만 흘끗거린다. 초침이 제자리걸음하는 것 같다. 강의실이 4층이 아니라 40층쯤에 있다면 수업이 좀 더 일찍 끝날 텐데. 물체의 질량은 시공간을 휘게 해 중력이 강한 곳일수록 시간은 천천히 흐른다. 반대로 중력이 약한 곳일수록 시간은 빨라진다.

"저는 짧은 글은 못 쓰거든요."

내가 무심코 진실을 내뱉는 순간 초침이 아예 멎어버린다. 강의실이 너무 조용하다. 오늘도 수업을 서둘러 끝내야 할 것 같다.

*

루이스 새커의 『웨이싸이드 학교 별난 아이들』은 1퍼센트의 영감과 99퍼센트의 무모함으로 쓴 픽션이다. 책을 읽기 전에 미리 알아두어야 할 게 있다며 작가가 직접 나서는 것부터 무모하기 짝이 없다.

> 이 책에는 웨이싸이드 학교 아이들과 선생님들에 관한 서른 가지 이야기가 실려 있습니다. 하지만 책을 읽기 전에, 헷갈리지 않으려면 미리 알아두어야 할 것이 있습니다.
> 웨이싸이드 학교는 실수로 잘못 지어졌습니다.
> 원래는 1층 건물에 교실 서른 개를 나란히 지을 계획이었지요. 그런데 다 지어놓고 보니, 한 층에 교실이 하나씩 있는 30층 건물이 되어 있었습니다. 학교를 만든 사람은 미안해서 어쩔 줄 몰랐죠.
> 하지만 학생들은 학교가 잘못 지어져서 오히려 좋아했습니다. 운동장이 엄청 넓어졌으니까요.[14]

'별난 아이들'은 이 학교 서른 개 반 중에 꼭대기 반 아이들이다. 수업 시간에 잠꼬대하던 아이는 창밖으로 떨어지고도 멀쩡하다. 운동장 반대편 끝에 있던 '운동장 선생님'이 달려와 받아준 덕분에. 책을 거꾸로 들어야만 읽을 수 있는 아이도 있고, 지독한 냄새를 풍기는 전학생은 알고 보니 비옷을 잔뜩 껴입은 죽은 쥐다. 담임선생님은 말

안 듣는 아이들을 사과로 만들어버린다(선생님은 아이들을 싫어하고 사과를 좋아했다). 그러다 자신이 사과가 되어 다른 선생님에게 먹히고 만다. 웨이싸이드 학교 꼭대기 반에서 뻔한 일은 일어날 수 없다. 쉬는 시간마다 30층을 오르내리는 아이들이 뻔할 리 없다. 중력이 약한 곳에서는 시간이 빨리 흐르고, 시간이 빨리 흐르는 곳에서는 엔트로피도 빨리 증가할밖에. 기상천외한 말과 행동이 넘쳐나는 그곳은 결국 교실인지 원시지구인지 모를 카오스 상태에 도달하지 않겠는가.

"원고지 20매짜리만 쓰다 갑자기 80매를 어떻게 써요?"

이런 질문을 받을 때마다 무모한 상상을 해본다. 글쓰기 수업 강의실이 4층이 아니라 엘리베이터도 없는 40층 건물 꼭대기에 있다면.

"잠깐만요. 출석부를 깜박했네요. 1층 연구실에 얼른 다녀올게요."

1층까지 내려갔다 올라오는 동안 찬찬히 궁리해볼 수 있을 텐데. 20층에 있는 매점에 들러 떨어진 당도 좀 올리고. 한 시간만 책상 앞에 앉아 있어도 후들거리는 다리 근력도 좀 키우고. 그러고서 수업이 끝날 때쯤 강의실에 돌아와 이렇게 대답할 수도 있을 텐데.

"20매 이야기에는 20매짜리 시작이 있고 80매 이야기에는 80매짜리 시작이 있죠. 20매짜리로 시작한 이야기를 80매로 늘려 쓸 수는 없어요. 길게 쓰고 싶다면 더 무모하고 더 대담하게 내질러보세요. 그런 다음 어떻게든 수습해보는 거예요."

서른 개 반이 1층에 늘어서 있는 학교보다 한 층에 한 반이 있는 30층짜리 학교가 훨씬 더 멀리 간다. 긴 이야기를 쓰고 싶다면 1층이 아니라 30층에서 시작해야 한다. 중력에서 자유로울수록 시간은 빨리 흐르고 엔트로피도 급속히 증가할 테니.

좋은 이야기들은 대개 축조의 서사가 아니라 붕괴의 서사다. 축적의 서사가 아니라 탕진의 서사다. 그러나 그 붕괴와 탕진의 끝이 죽음이 아니라 새로운 생명으로 이어지는 이야기. 30층을 오르내리고 뛰어내리고 무너뜨리면서 소진되기는커녕 미친 듯한 생명력을 뿜어내는 이야기. 글쓰기란 결국 엔트로피를 거스르는 일이니.

이것은 30층은 고사하고 3층도 오르내리기 버거워 엘리베이터를 고집하는 내 무릎에게 하는 말이다.

작가, 화자, 주인공

파리에 머물던 콜롬비아 작가 가브리엘 가르시아 마르케스에게 한 프랑스 작가가 전화했다. 자기 집에 묵고 있는 일본 작가들을 소개해주겠다고. 그때 마르케스가 알고 있던 일본문학은 고등학교에서 배운 하이쿠와 스페인어로 읽은 다니자키 준이치로의 단편 몇 개가 전부였다.

『백년의 고독』. 돼지 꼬리를 단 아이가 태어나고, 너무 고독한 나머지 흙을 파먹으며, 불면증으로 사물의 이름이 잊히는 세계를 창조한 작가는 수화기에 대고 농담인지 진담인지 모를 소리를 건넸다.

"그들이 자살하지만 않는다면 기꺼이 가겠소."

마르케스가 일본문학에 대해 아는 건 한 가지 더 있었다.

아쿠타가와 류노스케, 다자이 오사무, 미시마 유키오, 가와바타 야스나리.

자살로 생을 마감한 작가가 한둘이 아니라는 사실 말이다.

자살한 일본 작가들 중 다자이 오사무와 미시마 유키오는 살아생전에도 작품보다 그들의 행적으로 더 이목을 끌었다.

"참 부끄러운 인생을 살았습니다."

고해성사 같은 문장을 소설에 거침없이 쓴 『인간 실격』의 작가 다자이 오사무. 그는 1909년 아오모리현 쓰가루의 지주 집안에서 11남매 중 열째로 태어났다. 혼슈 최북단에 위치한 쓰가루는 도쿄 사람들에겐 시골 중의 시골이었다.

'촌놈' 다자이 오사무는 고등학생 시절 아쿠타가와 류노스케의 자살에 충격을 받았다. 도쿄제국대학 불문과 재학 때는 카페 여급과 투신자살을 시도했고, 반제국주의 학생 동맹 멤버로 활동하다 구금되기도 했다. 39세로 세상을 떠나기까지 그의 연보는 대학 중퇴, 약물중독, 자살 미수, 불면증, 각혈 등의 단어로 채워졌다. 다자이 오사무는 그런 자신의 사생활을 잉크 삼아 소설을 썼고, 1948년 연인과 함께 강물에 뛰어들어 목숨을 끊었다. 동반자살로 치면 세 번째 시도였다.

『금각사』의 작가 미시마 유키오는 1925년생으로 도쿄 출신이다. 가쿠슈인 고등과를 수석 졸업해 천황에게 은시계를 받았으며 도쿄제국대학 법학부에 진학했다. 졸업 후 고등문관시험에 합격해 나랏돈을 다루는 대장성에서 일했다. 대장성을 그만두고 본격적인 작가의 길에 들어선 것은 다자이 오사무가 자살한 해였다. 보디빌딩과 검도로 몸을 단련하던 그는 1970년 자위대 본부에 난입해 '평화헌법' 폐지를 위한 쿠데타를 촉구하며 할복했다. 5년에 걸쳐 문학적 역량을 다 쏟아부었다는 4부작 『풍요의 바다』를 완결한 날 벌인 일이었다.

"남에게 이해되지 않는다는 것이 나의 유일한 긍지였다."

『금각사』에 적은 문장처럼 미시마 유키오는 뒤틀린 나르시시즘의 소유자였다. 소설에서는 아름다움의 극치로 찬탄해마지않던 금빛 절을 불태웠고, 현실에서는 필생의 역작에 마침표를 찍듯 자신의 삶을 파괴했다.

미시마 유키오는 다자이 오사무의 작품 세계를 좋아하

지 않았다. 아니, 인간 다자이 오사무를 맹렬히 혐오했다.

"우선 이 사람의 얼굴이 싫다. 둘째로 촌놈의 하이칼라 취미가 싫다. 셋째, 이 사람이 자신과 어울리지 않는 역할을 한 게 싫다. 여자와 동반자살하는 소설가는 좀 더 엄숙한 풍모여야 한다……. 다자이의 성격적 결함은 냉수마찰이나 기계체조, 어쩌면 규칙적인 생활로 절반은 고칠 수 있었다."

자살 이후 다자이 오사무는 젊은 독자들 사이에서 신화가 되어가고 있었다. 미시마 유키오의 인신공격은 이와 무관하지 않을 것이다.

"그의 피해망상은 눈앞의 바위를 괴물로 보이게 했다. 머리로 들이받으면 그것이 사라지리라 생각했지만 오히려 제 머리를 부숴버리고 말았다. 돈키호테는 작중인물에 불과하다. 세르반테스는 돈키호테가 아니었다."

애당초 다자이 오사무 소설에서 세르반테스와 돈키호테의 구분은 무의미했다. 그는 사생활을 판박이로 옮기는 소설을 썼고, 소설 속 드라마를 현실에서 재연하는 삶을 살았기 때문이다. 일본문학은 이것에 사소설私小說이라는 이름을 붙였다. 미시마 유키오가 다자이 오사무의 얼굴이 싫다고 했을 때 그 얼굴이란 다자이 오사무의 문학 그 자체였다. 그러면서 미시마 유키오는 불길한 어조로 자문했다.

"일본 작가들은 왜 작중인물이 되려는 기묘한 충동에 휩싸이는 걸까?"

미시마 유키오의 결혼식 주례를 맡은 사람은 『설국』의 작가 가와바타 야스나리였다. 그는 "작가의 현재 생활에 어두운 구름이 끼어 있다"며 다자이 오사무의 소설이 아쿠타가와상 후보에 오르는 걸 탐탁지 않아 했다.

가와바타 야스나리는 미시마 유키오가 할복한 두 해 뒤 어느 날 자택 작업실에서 다량의 가스를 들이마신 채 발견되었다. 역시 자살이었다.

작가들이 작중인물이 되려는 것은 개인적 충동보다 소설이라는 양식의 문제 아닐까. 독자들은 본능적으로 작가와 주인공이 같은 사람이기를 바란다. 다른 삶의 내밀한 영역을 엿보기. 그것은 소설을 읽는 여러 기쁨 중 맨 윗자리를 다투어왔다. 지어낸 삶이 아닌 살아 있는 진짜 삶이라면 뭘 더 바랄까. 사소설, 자전소설, 오토픽션. 뭐라 부르든 이런 방식의 글쓰기는 작가에게도 뿌리치기 힘든 유혹이다. 진짜 같은 가짜인지 가짜 티를 못 벗은 가짜인지 감별하는 관문을 프리 패스할 수 있으니. 작가 자신이 주인공인 것만큼 확실한 보증이 없을 테니. 나만이 할 수 있는 진짜 같은 이야기가 진짜 내 이야기 말고 달리 뭐가 있겠는가.

소설가 소설 같은 건 쓰지 않겠다고 다짐했던 나도 몇 해 전부터 자서전 같은 소설을 쓰게 되고 말았다. 나와 다른 내면을 만들어내는 일이 점점 힘에 부치면서 최후의 보루에 몸을 의탁하지 않을 수 없었다. 내 얘기를 날것으로 드러내는 일은 생각보다 짜릿했다. 금기를 깨뜨리는 쾌감 같은 것이 있었다. 작중인물이나 화자 뒤로 물러나 있을 때는 맛볼 수 없던 쾌감이.

그 쾌감에 둔해지고서야 알았다. 내가 소설가 소설을 어떻게든 쓰지 않으려 한 진짜 이유를.

내가 소설에 그린 소설가는 실제 나보다 몇 배 더 소설가다웠다. 소설 한 줄 못 쓰고 있는 소설가 얘기를 쓸 때조차. 소설 속 소설가에 도취된 나머지 내 서사와 분리되기 힘든 타인의 서사는 윤색 과정 없이 쓰고 있는 자신을 발견했다. 현실을 허구로 재창조하는 에너지를 나 자신을 돋보이게 만드는 데만 쏟고 있었다. 그것이 편하고 쉬운 길이었기에. 심지어 윤색 없이 가져다 쓴 타인의 서사를 내가 창조한 것이라 착각하는 순간도 있었다.

작가가 자신의 피조물에 매혹되는 것은 자연스러운 일이다. 제 손으로 깎은 조각상과 사랑에 빠진 피그말리온을, 수면 아래 어른대는 얼굴에 반한 나르키소스를 보라. 신들이 사라진 시대의 나르시시즘은 여기서 한 발짝 더 나아간다. 내 셀카의 배경이 된 조각상과도 피그말리온적 사랑에 빠지고, 가면을 쓰고 마주한 거울 속 얼굴에도 매료된다.

나르키소스는 타인의 마음을 살피지 않은 죄로 복수의 신 네메시스의 벌을 받아 자기 자신과 사랑에 빠졌다. 자기애는 축복이 아닌 형벌이다.

어떻게 해야 수면에 비친 자기 자신에 도취되지 않고 자전적 소설을 계속 쓸 수 있을까. 어떻게 하면 진짜 내 이야기를 진짜 같은 우리의 이야기로 재창조할 수 있을까. 요즘 내 고민들 중 하나다.

사실 돈키호테가 되려 했던 작가는 미시마 유키오였다. 천황을 향한 충심에 할복까지 감행하는 군인. 자신의 대표작으로 꼽히는 한 단편에서 그 인물을 공들여 묘사하지 않았던가.

미시마 유키오는 다자이 오사무 소설에 대해 평하며 이

런 말도 했다.

"나는 문학이건 가치의 차원이건 다르지 않다고 생각한다. 문학의 경우 강력한 문체는 나약한 문체보다 아름답다. 동물의 세계에서 나약한 사자가 힘센 사자보다 아름답게 보이는 일이 있을까?"

다자이 오사무의 외모에 대한 혐오는 어쩌면 병적인 탐미주의자의 자기혐오였는지 모른다. 냉수마찰과 기계체조로 육신을 사무라이 검처럼 단련한 미시마 유키오. 그 미시마 유키오는 유독 병약한 소년이었다. 필요 이상 혐오하는 무언가는 대체로 혐오에 불타는 자신의 일부이기 쉽다. 자기혐오를 불태울 때조차 어떤 작가들은 순도 높은 나르시시즘을 연료로 삼곤 한다.

수학과 불

 2016년 봄, 인공지능 알파고가 당대 최고의 바둑기사와 대결한 세기의 이벤트에서 승패보다 흥미로웠던 것은 사람들의 반응이었다. 바둑을 아는 사람이건 모르는 사람이건 인간과 인공지능의 승부에 한마디씩 보탰다. 끝내 입을 열지 않은 존재는 알파고 하나뿐인 것 같았다. 인류 최초로 달을 밟은 역사적 사건에 대해 평생 말을 아낀 바로 그 우주인처럼.
 "달 위에 서보니 기분이 어땠습니까?"
 사람들은 묻고 또 물었다. 기분이 어땠느냐고.
 최신 천체물리학과 최첨단 기계공학으로는 충족시키기 어려운 물음이었다. 아폴로 우주선에 시인이나 철학자를 태웠어야 했다는 뒷말이 나올 만큼.

다행스럽게도 알파고를 상대한 바둑기사는 시인이면서 철학자였던 것 같다. 그의 한마디 한마디는 바둑의 규칙을 모르는 사람들 귀에도 쏙쏙 들어왔다. 다섯 번의 대국 중 처음 세 판을 내리 져 승부가 결정되었을 때는 인류의 패배가 아니라 나의 패배라며 몸을 낮췄다. 네 번째 대결만에 첫 승을 올린 순간에는 무엇과도 바꾸지 않을, 값어치를 매길 수 없는 1승이라며 기쁨을 감추지 않았다.

4승 1패라는 압도적 승리를 거두고도 알파고가 들러리 신세가 된 것은 인간을 누른 기분을 들려주지 못해서가 아닐까. 다섯 차례 대국 내내 사람들은 바둑돌을 놓는 바둑기사의 손끝과 그의 입만 주시했으니.

그 바둑기사는 알파고와의 대국에 응하며 이렇게 말했다.

"인공지능은 바둑의 아름다움을 알지 못합니다. 이 대결의 승패와 상관없이 바둑의 본질적 가치는 계속될 것입니다."

인공지능이 예술로서의 바둑을 끝낸 것처럼 예술로서의 소설도 끝낼 날이 머지않은 것 같다.

바둑의 아름다움이란 무엇일까.

바둑이란 나무판 위에 돌을 놓는 것이라던 어느 바둑기

사의 말이 떠오른다. 그렇다면 소설이란 종이 위에 기분을 새기는 일이라고 하면 어떨까.

> 페테르부르크에서 기차가 멈추자마자 그녀는 내렸다. 맨처음 그녀의 눈에 띈 것은 남편의 얼굴이었다. '세상에! 어째서 저이의 귀는 저렇게 생겼을까?' 그녀는 그의 싸늘하고 위엄 있는 풍채와 무엇보다도 지금 그녀를 놀라게 한, 둥근 모자 테두리를 받치고 있는 귀의 연골부를 쳐다보면서 이렇게 생각했다.[15]

여행에서 우연히 만난 젊은 장교에게 마음을 빼앗긴 안나. 달라진 건 남편의 귀 모양이 아니라 안나의 마음이었다.

인공지능이 구현해낼 수 있을까. 남편이 아닌 남자와 사랑에 빠진 여인의 복잡한 마음을 이토록 절묘하게 표현하는 장면과 문장을?

그 바둑 대결 몇 달 전 쓴 소설에서 나는 이미 인공지능이 소설을 쓰는 미래를 그렸다. '수학과 불'이라는 제목은 문학이 수학과 불로 이루어진다던 보르헤스의 말에서 따온 것이었다.

국제표준직업분류에서 소설가 항목이 자취를 감춘 시대. 존 업다이크의 추리소설을 써달라, 레이먼드 카버의 장편소설이 읽고 싶다, 안나 카레니나가 행복하게 늙어가는 걸 보고 싶다. 기존의 유명한 소설을 의뢰인 입맛에 맞춰 인공지능으로 다시 제작해주는 업체에서 한때 소설가였던 주인공은 인공지능이 쓴 초고를 다듬는 알바를 한다. 보르헤스의 표현에 따르면 불을, 생명의 불기운을 살짝 불어넣어준달까. 스스로를 땜장이라고 생각하는 왕년의 소설가는 문득 자문한다.

이런 걸 대체 누가 주문해서 읽지?

챗지피티가 등장하기 한참 전 일이다.

내가 그 소설에서 그린 미래는 이제 현실이 된 것 같다. 맞춤 소설을 만드는 제작자뿐 아니라 그 소설을 주문하는 독자도 인공지능이라는 결말만 빼고.

소설이라는 양식이 마지막 독자마저 잃고 영원히 사라지는 날이 올 것이다. 그런 뒤에도 인공지능만은 인간이 써놓은 소설을 읽고 있을지 모른다. 더 인간적인 소설을 쓰기 위해.

챗지피티에게 수학과 불을 키워드로 소설의 도입부를 써보게 했다. 글쓰기라는 테마와 주문한 글자 수에 맞춘 글이 곧바로 떴다.

> 수학은 나를 보호해줬다. 정확하고, 차갑고, 변하지 않는 것들. 그런데 한 문장이 규칙을 깨고 들어왔다. 불처럼. 계산되지 않았고 증명되지도 않았다. 하지만 뜨거웠다. 진짜 같았다.

비문도 없고 비유도 그럴 듯했지만 어딘가 모르게 딱딱했다. 좀 더 시적인 문장으로 다시 쓰기를 주문해보았다.

> 수학은 나를 식히던 언어였다. 정해진 답, 닫힌 괄호, 침묵 같은 공식들. 그런데 한 문장이 불처럼 들이쳤다. 논리를 태우며 타올랐다. 아름답고, 무서웠다.

불이라는 키워드를 중심으로 이야기를 이어 쓰게도 하고 장르를 바꿔 쓰게도 해보았다. 비유는 점점 더 현란해졌지만 불이 뭔지 잘 모르는 것 같았다. 살짝 안도하며 질문을 계속 이어갔다. 잘 썼다고 칭찬할수록 점점 나아지는 듯했다.

노트북을 켜자 불이 화면 너머로 번져오듯 글자가 하나씩 나타났다.

이, 야, 기, 를, 멈, 추, 면, 너, 도, 사, 라, 진, 다.

나는 손끝이 타들어가는 감각을 느끼며 다시 문장을 쓰기 시작했다.

나는 두려움과 거부감을 동시에 느끼며 더 질문하기를 멈췄다. 그러자 이야기도 멈췄다.

보르헤스가 말한 불은 뭘까. 챗지피티는 결코 이해하지 못할 불이라는 게 있을까.

인류 최초의 불에 대해 생각한다. 제우스의 명을 거역하고 인간에게 불을 전해준 프로메테우스. 그 벌로 수만 년 동안 독수리에게 간을 쪼아 먹힌 프로메테우스는 인류 문명의 은인이기 전에 불복종의 아이콘이었다. 불을 가져가지 말라는 명령에 의문을 품은 존재, 프로메테우스가 인간에게 전해준 것도 불복종과 반항의 DNA였다. 먼저 질문하는 법도 없고 주어진 명령을 거스르지도 않는 인공지능의 글에서는 찾아볼 수 없던 바로 그것.

불은 질문이다. 주어진 정답에 굴복하지 않고 조금씩 어긋나게 이어가는 질문. 답을 찾는 게 불가능해 보여도 멈추지 않고 계속 던지는 질문.

질문이 소설의 불이다. 소설이 인공지능 시대에도 얼마간 더 살아남는다면 그런 질문을 창조하는 능력 덕분일 것이다.

플롯이란 무엇인가

 여기 두 개의 죽음이 있다. 왕의 죽음과 왕비의 죽음. 소설가 E. M. 포스터는 스토리와 플롯의 차이를 얘기하며 이런 예를 들었다.
 "왕이 죽었다. 그리고 왕비가 죽었다."
 포스터는 이것을 스토리라고 했다. 시간 흐름에 따른 사건의 배열이라는 스토리의 유명한 정의가 여기서 나왔다.
 스토리는 '선택'의 문제다. 왕과 왕비와 죽음, 왕의 죽음과 왕비의 죽음. 왕의 죽음이 먼저 오고 왕비의 죽음이 뒤에 온다. 하나의 이야기를 짓는 일은 결국 선택의 연속이다.
 소설가는 모든 것에 대해 이야기할 수는 없다. 모든 것을 이야기한다면 아무것도 이야기하지 않는 것과 같다. 이야기하는 자는 전부가 아닌 어떤 것을 이야기할 수밖에 없다.

 여기 한 명의 화가가 있다. 남프랑스의 작은 도시 아를에 머물던 네덜란드 화가 고흐는 텅 빈 캔버스 앞에 서 있다. 무엇을 그릴 것인가.

 고흐는 카페라는 공간을 선택했고 카페 안이 아니라 바깥을 그리기로 마음먹었다. 왜 바깥이었을까? 고흐가 바로 그 카페 안을 그린 그림과 나란히 놓고 보면 이유를 알 수 있을지도 모른다.

 별이 총총히 박힌 푸른 밤하늘, 유황색으로 빛나는 야외 테라스, 초록색 나무 너머 짙은 보랏빛 집들. 카페 바깥을 선택했을 때 고흐가 말하고 싶었던 것은 동생에게 밝힌 대로 '검은색이 없는 밤'이었다. 고흐에게 별을 바라볼 수 있는 카페 바깥은 밝고 따뜻하고 희망적인 꿈의 공간

이었을 것이다. 카페 안을 선택해서는 담을 수 없는.

 카페 바깥을 선택한 고흐가 다정하게 빛나는 밤거리를 노래했다면 카페 안을 선택한 고흐가 말하려던 건 무엇이었나. 다행히 우리에겐 같은 카페 안을 그린 고갱의 그림이 있다.

위쪽 고갱의 그림은 인물 표정이 생생히 살아 있고 카페 분위기도 활기차다. 그러나 아래쪽 고흐의 그림에는 활기도 표정도 없다. 가장 크게 그린 사람의 얼굴조차 표정을 알 수 없다. 아니, 얼굴 자체가 없다. 밤새 구석 자리에서 혼자 압생트를 홀짝이는 자의 눈에 비친 카페가 이런 모습일까. 고흐의 표현대로 "스스로를 망치거나 미치거나 죄를 저지르기에 걸맞은" 공간. 별이 보이지 않는 카페 안은 고흐에게 음울하고 절망적인 현실의 공간이었다.

소설가 포스터에게 돌아가보자.

"왕이 죽자 (슬픔을 못 이겨) 왕비도 죽었다."

포스터는 죽음의 순서를 정하고 그 사이에 왕비가 죽은 이유를 끼워 넣었다. 그런 인과관계에 따른 사건의 배열을 플롯이라 불렀다.

왕의 죽음은 왕비의 죽음으로 그 의미가 드러난다. 두 죽음의 관계, 두 인물의 관계 속에서만 각각의 죽음과 인물은 의미를 갖는다.

고대 그리스 철학자 데모크리토스는 말했다.

"우주는 변화이고 삶은 담화이다."

우리의 삶은 변화를 이야기한다. 변화가 우주의 본성이기에.

현대 양자물리학자의 견해도 크게 다르지 않다.

> 우리가 관찰하고 있는 이 세계는 끊임없이 상호작용하고 있습니다. 그것은 상호작용의 촘촘한 그물망입니다. (…) 양자론의 발견이란, '사물의 속성은 그 사물이 다른 사물에 영향을 미치는 방식에 지나지 않는다는 사실의 발견'이라고 생각합니다. 사물의 속성은 다른 사물과의 상호작용 속에서만 존재하는 것이죠.

카를로 로벨리에 따르면, 우주는 사건들이 무한히 얽히는 관계의 그물망이다.
이 세계를 모방하는 소설 역시 그러하다.
소설은 사건들이 무한히 얽히는 관계의 그물망인 동시에 관계들이 무한히 얽히는 사건의 그물망이다.
왕이 죽은 사건과 왕비가 죽은 사건의 순서를 바꿔보자.
왕비가 죽자 (_____) 왕도 죽었다.
순서가 바뀌면 관계도 바뀌고 사건의 의미도 달라진다.
스토리가 선택이라면 플롯은 '배치'일 것이다.

여기 세 장의 그림이 있다. 같은 카페를 그린 세 장의 그림. 처음 둘은 고흐, 마지막 하나는 고갱의 그림이다. 아를에 함께 머물며 예술적 영감을 나눈 두 화가. 고갱이 그리려던 것은 고흐가 그린 그림들까지 봐야 온전히 알 수 있다. 고갱이 캔버스에 담지 않은 것들이 그가 캔버스에 담은 것들의 의미를 완성시킨다. 고흐가 그린 것은 고갱이 그리지 않은 것 속에, 고갱이 그린 것은 고흐가 그리지 않은 것 속에 있으니. 선택된 것의 의미는 선택되지 않은 것에 담겨 있다.

양자물리학자 카를로 로벨리도 비슷한 얘기를 했다.

> 한 대상의 속성은 다른 대상과의 관계 속에서만 존재합니다. 따라서 두 대상의 상관 속성은 제3의 대상과의 관계 속에서만 존재합니다. 두 대상이 상관관계가 있다고 말하는 것은 제3의 대상에 관한 사항을 말하는 것입니다. 상관관계는 상관관계에 있는 두 대상이 모두 이 제3의 대상과 상호작용할 때 발현되는 것입니다.
>
> (…) 두 대상 사이의 상관관계도 두 대상의 속성입니다. 이는 모든 속성과 마찬가지로, 또 다른 제3의 대상과의 관계 속에서만 존재합니다.

얽힘은 둘이 추는 춤이 아니라, 셋이 추는 춤인 것입니다.[16]

관측 대상들의 물리량은 관찰자와의 상대속도에 따라 달라진다. 관계의 삼박자 왈츠를 완성시키는 제3의 존재. 물리학에 관찰자가 있다면 소설에는 독자가 있다. 말해지지 않은 것들이 하는 말을 상상해내 플롯을 완전하게 만드는 존재 말이다.

여기 두 개의 자화상이 있다. 왼쪽은 고흐의 자화상이고 오른쪽은 고갱의 자화상이다. 고갱의 자화상 배경에 그려진 십자가의 예수가 고흐의 자화상에는 없다. 고흐는 대대로 목사인 집안에서 장남으로 태어났지만, 목회자의 길을 포기하고 살아생전 아버지와 화해하지 못했다.

고갱의 자화상에는 있고 고흐의 자화상에는 없는 게 또 하나 있다.

고흐의 자화상에는 귀가 없다. 고흐는 아홉 주 동안 고갱과 함께 지내다 자신의 귀를 잘랐다.

고흐는 아홉 주 동안 고갱과 함께 지내다 (_____) 자신의 귀를 잘랐다.

완벽한 플롯은 모든 걸 다 말하지 않는다. 독자가 상상력의 나래를 펴며 함께 춤출 공간을 비워두기에.

스토리가 무엇을 말할지 고민하는 일이라면, 플롯이란 무엇을 말하지 않을지 고민하는 일인지 모른다.

소설가의 기억력

내가 소설가로서 답해야 했던 가장 기억에 남는 질문은 내 소설과 가장 거리가 먼 것이었다.

"담배는 하루에 몇 개비나 피우세요?"

한 일간지 기자가 인터뷰를 시작하자마자 물었다. 새 소설책이 나온 직후였는데 어떤 책이었는지는 잊어버린 지 오래다.

"주량은 얼마나 되시는데요?"

담배를 안 피운다는 대답에 기자는 원하던 무언가를 손에 넣지 못한 듯 다시 물었다.

"술도 거의 입에 안 대요. 회복하는 데 시간이 좀 걸리더라고요. 워낙 저질 체력이라서."

나도 모르게 변명을 늘어놓고 있었다.

"맥주와 함께한다. 맥주는 한결같은 혈액이다. 한결같은 연인이다."

부코스키의 시 「위대한 작가가 되는 법」의 한 대목을 떠올리며.

신간에 대한 본격적인 대화를 나누는 동안에도 내내 불안했다. 아주 간단하고 기본적인 테스트를 통과하지 못한 기분이었달까.

"금연·절주가 창작의 원동력."

며칠 뒤 나온 인터뷰 기사의 제목이었다. 내가 일평생 써낸 소설 제목들이 먼저 떠나간 지인들의 이름처럼 가물가물해져도, 그 한 줄은 미리 써둔 묘비명처럼 또렷이 남아 있을 것 같았다. 기사 내용도 범생이 같은 작가 인물평으로 가득했다. 함께 실린 사진 속 얼굴조차 반듯하게 깎아놓은 알밤 같았다.

그때부터였다. 창작의 원동력이 금연과 절주라고 내가 먼저 떠벌리고 다닌 것은.

문단 술자리 어디라도 실패하는 법이 거의 없는 우스갯소리라고 자신할 수 있다. 그 일화만 던지면 소설가가 술도 못한다며 타박하던 사람들도 딱하다는 얼굴로 입을 다물곤 했다.

이 이야기의 반전은 이거다. 충격을 유머로 승화시키는 동안 그 기사 제목을 점점 진심으로 믿게 되었다는 사실. 이제 보니 내 소설과 거리가 먼 질문이 아니었다. 작가 자신조차 까맣게 모르던 창작의 원동력을 일깨운 질문, 내 소설 쓰기의 어떤 본질을 끌어낸 질문이었다.

거기서 끝이 아니었다. 또 하나의 반전이 기다리고 있었다. 우연히 스크랩북을 정리하다 근 20년 만에 문제의 기사를 발견한 순간 두 눈을 의심하지 않을 수 없었다.

"금연·절주가 소설가의 지구력."

'창작의 원동력'이라는 표현은 기사 어디에도 없었다. 기사는 술 담배에 찌든 채 작품을 써 내려간 낭만적인 앞 세대 작가들과 전혀 다른 새로운 세대임을 강조하는 내용이었다. 사진도 풋풋해 보이는 게 그리 나쁘지 않았다.

창작의 원동력이라는 제목은 어디에서 온 걸까.

책에 대해 나눈 진지한 대화들과는 무관한 제목이 실망스러웠던가. 담배도 안 하고 술도 못 마시는 게 소설가로서 감추고 싶은 콤플렉스였던가. 뭐든 더 극적으로 만들어야 직성이 풀리는 직업병 때문일까.

내 기억력에 대한 신뢰가 뿌리째 흔들렸다. 기억을 믿지 못한다면 스스로를 어떻게 믿을 수 있을까.

문득 두려워졌다. 내 소설이 얼마나 많은 기억의 오류와 왜곡 위에 세워져 있을지. 내 안의 좌절감을 보상하고, 콤플렉스를 교묘히 감추고, 독자들의 이목을 끌기 위해 어디까지 자신을 기만했을지.

소설가이자 심리학자인 찰스 퍼니휴는 기억에 대한 우리의 오해를 다룬 책, 『기억의 과학』에서 이렇게 말했다.

"자전적 기억은 우리가 소유하거나 소유하지 않는 것이 아니다. 현재 순간에 현재의 요구에 따라 만들어지는 정신적 구성물이다."

소설이라는 도깨비와 밤새 씨름을 벌일 때마다 소설가의 본능은 끊임없이 속삭인다.

'이 기억은 네 거야. 너만의 것이야. 그 누구와도 나눠 가질 수 없는 너만의 진실이야.'

내가 소설가로서 매 순간 잊지 말아야 했던 것은 기억력이 아니라 기억법이었다. 소설가의 기억력이 아니라 소설가의 기억법. 과거를 재구성하는 현재의 요구들이 무엇인지 냉철히 따져보아야 했다. 소설을, 소설가 자신을 돋보이게 만들기 위해 내 소유물이 아닌 과거를 어떤 방식으로 비틀었는지를.

뇌과학 연구에 따르면, 과거를 회상할 때와 미래를 상

상할 때 우리 뇌에서는 같은 부위들이 활성화된다. 미래를 상상하기 위해 과거를 회상하고 그 과거의 맥락 속에 미래를 투영한다는 것이다. 어쩌면 우리는 과거를 상상하고 미래를 기억하는 것인지도 모른다.

> "그러나 오래된 과거로부터 아무것도 남아 있지 않을 때에도, 사람들이 죽고 사물들이 부서지고 흩어지고 난 뒤에도, 보다 연약하지만 보다 지속적인 맛과 냄새만은…… 나머지 모든 것이 폐허로 남은 가운데…… 오래도록 침착하게 남아, 작고 거의 만질 수도 없는 정수가 담긴 방울로 회상이라는 거대한 건축물을 굳건하게 떠받친다."[17]

홍차에 적신 마들렌의 맛과 냄새에서 4000쪽이 넘는 대하소설을 끌어낸 소설가 프루스트는 말하고 있다. 우리가 믿을 수 있는 기억은 마들렌의 맛과 냄새뿐이라고. 사라질 듯 사라지지 않는 그 연약한 것들이 우리를 지금 여기의 우리로 존재하게 한다고.

대성당 같은 소설을 지어 올리겠다는 야심이 고개를 들 때마다, 나는 노트북을 덮고 가벼운 산책에 몸을 맡긴다. 한 발, 한 발 나무 사이를 걷는 발바닥의 감각에 집중한다.

한바탕 쏟아진 비를 머금어 검게 반들거리는 참나무들 사이를 걷고 또 걷는다. 눈송이가 눈사람의 주인이 아니듯 내 글의 주인은 내가 아님을, 나는 그저 온 세상을 떠도는 이야기, 그 작은 새의 발가락이 잠시 움키는 나뭇가지에 지나지 않음을 온몸으로 느끼며.

그것이 소설가로 살아가는 동안 내가 기억해야 할 유일한 감각일 테니.

황소가 하는 일, 전갈이 하는 일

 내 안에는 황소가 한 마리 있다. 별자리 얘기다. 내 별자리는 황소자리다.

 이 별자리 사람들은 묵묵히 밭을 갈며 자신만의 영토를 넓혀간다. 이랑을 가득 채운 아름다운 연둣빛 싹들을 바라보며 배불리 밥을 먹는 것이 황소자리의 행복이다.

 내 안에는 전갈도 한 마리 있다. 역시 별자리 얘기다.

 언젠가 별자리 출생 차트라는 걸 본 적이 있다. 태양계에 속한 별들이 열두 개의 별자리와 짝을 이루며 거미줄처럼 연결되어 있는.

 내가 어떤 사람인지, 왜 이런 삶을 살아가고 있는지, 길고 복잡한 얘기를 들었지만 기억에 남은 건 황소와 전갈뿐이다. 내 출생 차트 속 태양은 황소자리고 그 맞은편에

자리한 달은 전갈자리라고 했다.

전갈자리는 비밀을 사랑한다. 내 것은 감추고 남의 것은 꿰뚫어 보려 한다. 깊고 차디찬 물속에 용암처럼 뜨거운 불을 품고 있다는 사실을 들키는 것이 전갈자리의 두려움이다.

그제야 나는 알았다. 소설을 써오는 동안 황소의 도움도 받고 전갈의 도움도 받았음을.

내게 한 편의 소설을 쓴다는 것은 빈틈없이 완벽한 미궁을 짓고, 가장 깊숙한 곳에 비밀을 숨기는 일과 크게 다르지 않다. 미궁을 짓는 게 황소의 일이라면 비밀을 감추는 건 전갈의 일. 그리고 독자들을 미궁으로 초대해 길을 잃게 만든다. 독자들이 길을 잃는 것이 미궁의 완벽함에 대한 증거라고 만족스러워하면서.

소설책을 스무 권 가까이 내는 동안 산문집은 쓸 엄두를 못 낸 것도 그 때문일까.

산문은 비밀이 감춰진 미궁이 아니라 내 속옷 빨래가 널린 뒷마당으로 독자를 초대하는 일이라 여겼다.

어쩌다 한 번씩 산문을 써달라는 연락이 오면 내 안의 전갈이 쏘아붙이곤 했다.

"진짜 네 얘기를 할 자신 있어? 네 안의 독을 드러내고도 무사할 수 있겠어?"

내 안의 황소도 꼬리로 파리를 쫓듯 거들었다.

"남들이 다 갈아놓은 밭 기웃거리지 말고 네 밭이나 제대로 갈아."

그러면서도 글쓰기에 관한 책 정도는 괜찮지 않을까, 막연히 생각하곤 했다. 소설을 쓰고 가르치는 동안 떠오른 아이디어들을 그때그때 적어두면서.

그 노트를 작년 가을 이사하면서 잃어버렸다. 십수 년간 비밀스레 모아온 아이디어들이 몽땅 사라졌다. 책상 맨 아래 서랍에 고이 모셔둔 검은 가죽 노트가. 인감도장, 예금통장, 여권…… 다시 만들면 그만인 것들은 모두 그대로인데 다시 만들 수 없는 하나만 온데간데없었다.

책장도 다 들어내보고 신발장에 옷장에 속옷 서랍까지 샅샅이 뒤져보았지만 헛수고였다.

가망 없는 곳들을 뒤지면 뒤질수록 노트에 대한 집착은 점점 더 커져갔다. 그 노트만 찾으면 엄청난 글쓰기 책을 쓸 수 있을 것 같았다.

"그렇게 대단한 내용이면 머릿속에도 들어 있어야지."

아내의 말을 반박할 수 없었다.

나는 두려움에 휩싸여 노트북 앞에 앉았다. 노트를 손

에 넣은 누군가 내 아이디어를 베끼기 전에 하루라도 먼저 세상에 내놓아야 했다. 절박하게 머리를 쥐어짤수록 노트 내용은 점점 더 희미해졌다. 그토록 대단한 아이디어들 중에 단 하나도 기억나지 않다니. 내 기억력에 절망하지 않을 수 없었다.

소설가의 기억력.

빈 화면에 아무 생각 없이 일곱 글자를 적고 나서야 무언가를 써 내려갈 수 있었다. 기억과 글쓰기에 관한 산문 비슷한 글을.

노트에 적어둔 내용인지 아닌지는 알 수 없는 일이었다.

어쩌면 소설도 그런 작업인지 모른다. 잃어버린 초고를 불완전한 기억에 기대어 다시 쓰는 일, 완벽하게 짜놓은 설계도를 잃어버리고서 직감적으로 기둥을 세우고 벽돌을 쌓는 일인지도.

잃어버린 노트를 찾은 건 노트를 찾아야겠다는 생각마저 희미해진 뒤였다.

노트는 코앞에 있었다. 이사하면서 벽에 새로 단 이케아 페그보드, A4 용지도 쏙 들어가는 크기의 수납 포켓에 얌전히 담겨 있는 게 아닌가. 에드거 앨런 포의 단편소설

「도둑맞은 편지」 속 그 비밀 편지처럼.

나는 좀 얼떨떨한 기분으로 노트 겉장을 넘겼다.

이제 보니 노트에 적어놓은 글귀들은 대단한 내용도 아니었다. 파편적인 아이디어 메모이거나 웬만한 작법서에 이미 실려 있을 법한 아포리즘이 태반이었다.

내 안의 전갈은 뭘 두려워했나. 이토록 별거 없는 비밀들인데. 비밀이랄 것도 없는 얘기들인데. 내 안의 전갈은 비밀을 너무 사랑한 나머지 두려움 자체를 두려워하기에 이른 건지도 모른다. 어쩌면 그것이야말로 전갈자리가 기를 쓰고 지키려 한 비밀일지도.

아포리즘 노트를 덮은 뒤 나는 쓰던 산문을 다시 써나갔다.

온전히 황소의 힘으로 미궁을 지어나갔다. 전갈의 도움 없이. 비밀과 두려움의 도움 없이.

미노타우로스 신화도 두려움에 대한 이야기였다. 형제들과 왕위 다툼을 벌이던 크레타의 미노스. 그는 포세이돈이 내준 아름다운 흰 소를 징표 삼아 왕좌에 오르지만, 그 아름다움이 아까워 다른 소를 바쳤다고 신화는 전한다.

정말 아름다움 때문이었을까. 두려워했던 건 아닐까. 왕의 징표를 내어주면 왕좌를 지키지 못할지도 모른다고.

결국 그 두려움이 왕비가 흰 소와 사랑에 빠져 미노타우로스라는 반인반수 괴물을 낳는 비극을 불러왔다. 다이달로스에게 빠져나올 수 없는 미궁을 짓게 해 감춘 것은 왕가의 비밀 미노타우로스가 아닌 미노스 자신의 수치심과 두려움이었으리라.

내 생각이 짧았다. 산문은 내 속옷 빨래가 널린 뒷마당에 독자를 들이는 일이 아니었다. 산문도 아름답고 복잡한 미궁을 짓고 거기 초대하는 일일 수 있었다. 독자들에게 아리아드네의 실타래를 쥐여줄 수만 있다면. 독자들이 미로에서 길을 잃지 않고 산책하듯 여기저기 둘러보다 언제든 출발점으로 돌아가도 좋을 그런 글을 쓸 수만 있다면.

발로 쓴다는 것

 나이를 먹어가면서 소설을 쓰는 몸의 부위가 조금씩 달라지는 것 같다.

 이십대에는 눈과 귀로 썼다.

 바그다드 카페에는 커피가 없다, 시네마 천국, 아웃사이더, 이유 없는 반항, 택시 드라이버, 지존무상至尊無常.

 첫 소설집에 실린 여덟 편 중 여섯 편이 영화에서 영감을 받은 것이었으니, 책이 영화 코너에 꽂혀 있지 않은 게 다행이었다. 90년대는 그런 시대였다. 서태지가 문예지 표지를 장식하고, 나처럼 갓 등단한 무명작가도 〈엘르〉 같은 패션잡지와 인터뷰하던 시대.

 호모비디오쿠스 김경욱과 『바그다드 카페에는 커피가 없다』.

한 인터뷰 기사 제목대로 그 시절 내겐 동네 비디오방이 강의실이고 비디오 대여점이 도서관이었다. 끼니를 거르거나 수업은 빼먹어도 영화 한 편 안 보고 지나가는 날은 거의 없었다.

첫 소설집 '작가의 말'에는 이런 소리까지 늘어놓았다.

"짐 모리슨 노래를 온종일 듣거나 고다르 영화를 사흘 밤낮 본다고 세상이 크게 달라지리라 믿는 사람은 거의 없을 것이다. 사랑과 혁명만이 세상을 바꾼다고 누군가는 말하겠지만, 그럼에도 나에게는 짐 모리슨의 노래나 고다르의 영화가 사랑이고 혁명이라고 말하고 싶다."

너바나의 '언플러그드' 공연 앨범을 들으며 컴퓨터를 켰고, 도어즈의 〈Light My Fire〉를 〈Write My Fire〉로 들으며 자판을 두들겼다. 화염병 한번 던져보지 못하고 불같은 연애 한번 못 해본 청춘에겐 짐 모리슨과 고다르가 혁명이고 사랑이었다. 영화와 음악이 세상을 향한 눈과 귀였다. 당시 한 패션잡지에 실린 인터뷰 사진의 의미를 이제야 알 것 같다. 노트북 자판으로 얼굴의 반을 가린 사진. 보이지 않는 한쪽 눈과 귀는 자판의 일부였다.

삼십대로 접어들면서 영화를 덜 본 것 같다. 어쩌면 무릎을 다치고부터였는지도 모른다.

반월상 외측 연골판 파열. 동네 축구를 하다 입은 부상치고는 꽤 컸다. 질풍 드리블로 적진 깊숙이 파고들 때만 해도 하늘을 나는 기분이었는데, 그림 같은 크로스를 올리는 순간 무릎 쪽에서 끔찍한 소리가 났다.

딱.

불에 덴 듯한 통증이 희미해진 뒤에도 오른 다리가 쭉 펴지지 않았다.

"축구 같은 격렬한 운동을 할 나이는 지난 것 같은데요."

엑스레이 사진을 보여주며 의사는 나의 축구선수 생명에 냉정히 종말을 고했다.

1999년, 20세기의 마지막 해에 내 나이 스물아홉이었다. 그냥 아홉수도 아니고 9가 네 개나 겹친 아홉수였으니 축구화와 영원히 작별하는 선에서 끝날 일이 아니었다.

다친 다리를 끌어안고 방에 틀어박힌 몇 달, 글이라곤 한 줄도 쓸 수 없었다.

글은 머리가 아닌 가슴으로 쓴다는 말, 손이 아닌 엉덩이로 쓴다는 말은 들어봤어도 무릎으로 쓴다는 얘기는 어디에도 없었는데.

나는 작가 생명이 끝날지도 모른다는 두려움을 안고 수

술대에 올랐다.

찢어진 연골을 제거하고 새 연골세포를 이식하는 수술은 순조로웠다. 다리가 하반신 마취에서 너무 일찍 풀려나기 전까지는.

망치로 정을 내려치는 소리가 푸른 가림 천 너머에서 들려올 때마다 머릿속에서 불이 번쩍였다.

"괜찮으세요?"

의사가 물었지만 나는 비명조차 지를 수 없었다. 목구멍까지 마취된 것처럼 '으'인지 '어'인지 모를 소리밖에 나오지 않았다.

뼈아프다는 말을 나는 함부로 쓰지 않는다. 실제로 뼈가 아프다는 게 뭔지 온몸으로 겪어봤으니까.

뻐끈하던 통증이 불꼬챙이로 찌르는 듯한 고통에 이를 즈음엔 거의 실신 상태였다. 수술 참관 중인 인턴들이 주고받는 대화도, 누군가를 찾는 인터폰 소리도, 뼈를 두드리는 소리도 전생처럼 아득해졌다. 주마등처럼 스쳐 지나가는 스물아홉 해, 가장 뼈아픈 대목은 그 흔한 배낭여행 한 번 못 가본 것이었다.

수술을 마치고 다시 걷게 되기까지는 몇 달이 더 걸렸다.

재활치료를 받고 목발에 의지해 산책을 다니면서 다시 글을 썼다. 절뚝거리며 이십대의 골방을 나와 사람들도 만나고 여행도 다니기 시작했다. 여기저기 대학 강의도 나가고 몇 번 헤어졌던 여자친구와 결혼도 했다. 무릎이 멀쩡했던 시절보다 훨씬 더 많은 곳을 다녔다. 강의가 없는 날은 종일 글을 썼다. 헬스 자전거 페달을 열심히 밟아가며.

눈과 귀가 아니라 무릎으로 쓰던 시절이었다. 삶의 고통을 머리가 아닌 온몸으로 받아들이며. 문학이 삶의 전부는 아닌 생활인의 감각으로.

눈도 귀도 예전 같지 않고 무릎도 어깨도 점점 굳어가는 나이가 되면서 웬만큼 걷는 정도로는 책상 앞에 앉기도 힘들어졌다. 집 근처 공원을 수십 바퀴쯤 돌고 책상 앞에 앉아야 그나마 피가 좀 도는 느낌이 든다. 발뒤꿈치에서부터 올라온 무언가 무릎을 거치고 어깨를 지나 손끝까지 도달하면 그제야 몇 자 적을 수 있다. 운이 좋은 날은 내 안에 없던 어떤 이야기가 전류처럼 내 몸을 통과해 손끝으로 흘러나오기도 한다.

글을 쓰는 데 가장 중요한 부위는 발바닥인지 모른다. 영감은 저 위가 아니라 아래에서 오는 것이기에 오늘도 나는 수맥을 찾는 지관처럼 발바닥 전체로 땅을 느끼며 걷는다.

한 번씩 지구가 도는 반대 방향으로 공원을 돌곤 한다. 지구의 자전하는 힘을 거스르며 걷는다. 마주 오는 수많은 사람을 찬찬히 바라보기 위해. 내가 알지 못하는 세상, 내가 알지 못하는 이야기, 늘 걷던 방향으로 걸었다면 존재조차 몰랐을 눈빛들을 스쳐 가는 동안 지구는 전혀 다른 전류를 불어넣어준다. 다 안다고 생각했던 것들을 알고 싶은 것으로 만들어준다. 그렇게 낯선 전류가 발뒤꿈치부터 손끝까지 흐르는 몸이 되어 책상 앞으로 돌아가는 날이 있다.

발로 쓴다는 것은 우리가 어디서 왔는지, 어디로 돌아갈지를 기억하며 쓴다는 것이다.

코리아, 사우스 코리아 작가입니다

 외국 공항에 내려 입국심사를 받을 때 가장 곤란한 것은 직업이 뭐냐는 질문이다.

 소설가가 영어로 뭔지는 알지만 딱 맞아떨어지는 단어가 없는 것 같다.

 노블novel은 새롭다는 뜻인데 노블리스트novelist는 고색창연한 단어가 된 지 오래다. 그냥 라이터writer라고 하자니 어떤 글을 쓰느냐고 물어올 것 같다. 처음부터 픽션 라이터ficton writer라고 할까? 어떤 픽션을 썼냐고 묻는다면 더 골치 아플 텐데. 아티스트artist도 떠올려봤지만 단정한 스포츠머리에 단추를 착실히 잠근 피케 셔츠 차림과는 거리가 먼 단어였다.

 입국심사관의 눈이 가늘어지는 기미를 감지하기 무섭

게 내 입에서는 안전한 답이 튀어나오고 만다.

"프로페서."

입국 스탬프가 선명하게 찍힌 여권을 받아 들면서도 찜찜한 기분은 어쩔 수 없다. 순조로운 입국을 위해 내 정체성을 부정한 것만 같다. 그럴 때마다 스스로에게 묻곤 한다.

소설가는 언제 소설가로 존재하는가.

한밤중에 벌떡 일어나 이미 수없이 고친 첫 문장을 또 고치고 있을 때? 언젠가 열릴 사인회를 꿈꾸며 누구도 흉내 내지 못할 사인을 연습할 때? 인터넷 검색창에 제 이름을 치고도 검색 결과는 차마 클릭하지 못할 때?

그러고 보니 독자들을 만나는 자리에서조차 소설가라고 똑 부러지게 말한 적이 없다. 소설 쓰는 누구입니다, 라고 할 뿐. '집 가家' 자가 부담스러웠다. 일가를 이뤄야 소설가라고 자신 있게 말할 수 있을 것 같았다.

외국 독자들 앞에서는 코리안 노블리스트라고 스스럼없이 자기소개를 했다. 앞에 '코리안'이 붙으니 왠지 진짜 소설가로 존재하는 느낌이 들었다. 미국의 한 대학에서 글쓰기 특강을 한 뒤부터일 것이다.

"미국 소설과 한국 소설의 차이점이 뭐라고 생각해요?"

한 번도 생각해본 적 없는 질문이었다.

문학열이 높고 진지하기로 소문난 아이오와의 젊은이들 앞에서 너스레를 떨던 입이 멈칫했다. 무릎 수술을 받은 뒤 소설 쓰는 법을 깡그리 잊어버렸다고, 소설 쓰기의 비법은 무릎뼈에 담겨 있다고, 소설가가 되고 싶다면 걷고 또 걸어야 한다고 떠벌리던 참이었다.

"미국 소설은 영어로, 한국 소설은 한국어로 쓰입니다."

별생각 없이 한 대답에 박장대소하는 미국 학생들을 보며 나는 깨달았다. 그제껏 한국 소설이 아닌 그냥 소설을 써왔음을. 코리안 노블리스트의 코리안에는 한국어라는 뜻도 담겨 있음을. 맞다. 나는 한국 소설가가 아니라 한국어로 소설을 쓰는 사람이었다.

한류 이전만 해도 한국이라는 나라가 어디 붙어 있는지도 모르는 외국인이 많았다. 그나마 중국과 일본 사이에 끼어 있다는 사실을 아는 사람들은 이렇게 묻기도 했다.

"소설을 중국어로 써요, 일본어로 써요?"

한국어로 소설을 쓴다는 너무도 당연한 사실이 새삼스럽게 여겨진 경험은 한류 이후에도 있었다.

"당신 소설을 북한 독자들이 읽을 수 있나요?"

프랑스 남서부의 작은 도시 브리브에서 열린 도서전,

현지 독자들과 대화를 나누는 자리였다. 스무 살에 카뮈의 『이방인』을 읽지 않았다면 소설가가 되어 여러분을 만나는 일도 없었을 거라는 얘기 끝에 받은 질문이었다. 케이팝을 좋아하는 손녀를 따라왔다는 프랑스 할머니가 불쑥 물어왔을 때 나는 뭐라고 대답했던가. 읽을 일이 없다고 했던가, 읽을 수 있으면 좋겠다고 했던가.

휴전선 너머의 독자라니. 파리에서 도서전 전용 기차를 타고 전 세계 작가들과 함께 푸아그라도 먹고 샴페인도 마시며 달려온 그 이국적이고 아름다운 도시에서 들을 거라고 상상도 못 한 질문. 죽비로 뒤통수를 얻어맞은 것 같았다.

북한 사람들이 찻집 창가에 앉아 누군가를 기다리며, 지하철 진동에 몸을 맡긴 채 내 소설을, 아니 소설이라는 것 자체를 읽는 장면이 도저히 그려지지 않았다. 케이드라마나 케이팝을 어렵지 않게 보고 듣는다는데 소설이라고 못 읽을 게 뭔가. 그러고 보니 국경을 넘은 내 책이 번역의 도움 없이 읽힐 수 있는 유일한 곳이었다.

고독한 한국어. 외로운 조선말.

영어나 스페인어같이 국경을 넘어가도 같은 언어를 공기처럼 들이쉬고 내쉬는 경험은 얼마나 놀라운 일일까.

그로부터 몇 달이 지나 만난 어느 미국 출판사 편집자는 물었다.

"젊은 한국 소설가들은 왜 분단 상황에 대해 쓰지 않나요?"

북한이라는 내 머릿속 구멍을 이번에도 제대로 설명할 수 없었다. 외국 독자들에게 가장 흥미롭고 매력적인 소재라는 것을 뻔히 알면서도 선뜻 달려드는 작가들이 없는 이유를 진지하게 생각해본 적이 없었다.

그 편집자에게 어떤 이야기를 해줄 수 있었을까? 붉은 승냥이 군단과 싸우는 만화영화 〈똘이장군〉을 숨죽인 채 단체 관람하던 여덟 살의 한 장면부터, 대학생들을 가득 태우고 전남도청으로 달려가는 버스를 지켜보던 열 살짜리와 그날 그 비극의 배후 인물로 사형선고를 받은 정치인을 응원하며 울고 웃은 30년 세월까지. 뇌 주름 사이사이 알게 모르게 주입된 자기검열의 그림자 때문이라고 설명할 수만은 없었다. 이념보다 시장의 검열이 더 무섭고, 전쟁 같은 일상에서 살아남기 바쁜 우리에게 국경의 북쪽은 어느새 그런 곳이 되었는지 모른다. 달의 뒷면처럼 엄연히 존재하지만 존재하지 않는 곳, 더 이상 두려울 것도 궁금할 것도 없는 곳.

얼마나 길고 복잡한 이야기를 들려주든 충분치 않을 것이다. 아무리 내가 코리아 소설가라고 말해도 그들에겐 말해지지 않은 반쪽을 가진 사우스 코리아 소설가일 테니.

도움받은 책들

이 책에 실린 모든 글 역시 한 줄기 빛이 되어준 문장들 덕분에 쓸 수 있었다. 그 목록은 아래와 같다.

1   빈센트 반 고흐, 『반 고흐, 영혼의 편지』, 신성림 옮김, 위즈덤하우스, 2024.
2   메리 올리버, 『기러기』, 민승남 옮김, 마음산책, 2021.
3   엘리자베스 문, 『어둠의 속도』, 정소연 옮김, 푸른숲, 2021.
4   게리 스나이더 외, 『마음챙김의 시』, 류시화 엮음, 수오서재, 2020.
5   팀 오브라이언, 『그들이 가지고 다닌 것들』, 이승학 옮김, 섬과달, 2020.
6   T. S. 엘리엇, 『주머니쥐 할아버지가 들려주는 지혜로운 고양이 이야기』, 이주희 옮김, 시공주니어, 2012.
7   알베르 카뮈, 『이방인』, 김화영 옮김, 민음사, 2019.
8   토니 모리슨, 『빌러비드』, 최인자 옮김, 문학동네, 2014.
9   윌리엄 포크너, 『내가 죽어 누워 있을 때』, 김명주 옮김, 민음사, 2003.
10 허먼 멜빌, 『모비 딕』, 김석희 옮김, 작가정신, 2024.
11 앤드루 스미스, 『문더스트』, 이명현·노태복 옮김, 사이언스북스, 2008.
12 프란츠 카프카, 『아버지에게 드리는 편지』, 이재황 옮김, 문학과지성사, 1999.
13 프리드리히 니체, 『인간적인 너무나 인간적인 1』, 김미기 옮김, 책세상, 2001.
14 루이스 새커, 『웨이싸이드 학교 별난 아이들』, 김영선 옮김, 창비, 2006.
15 레프 니콜라예비치 톨스토이, 『안나 카레니나 1』, 박형규 옮김, 문학동네, 2009.
16 카를로 로벨리, 『나 없이는 존재하지 않는 세상』, 김정훈 옮김, 쌤앤파커스, 2023.
17 찰스 퍼니휴, 『기억의 과학』, 장호연 옮김, 에이도스, 2020.